A. Boguslawski

Der kleine Krieg und seine Bedeutung für die Gegenwart

A. Boguslawski

Der kleine Krieg und seine Bedeutung für die Gegenwart

ISBN/EAN: 9783744634908

Hergestellt in Europa, USA, Kanada, Australien, Japan

Cover: Foto ©ninafisch / pixelio.de

Weitere Bücher finden Sie auf **www.hansebooks.com**

Der kleine Krieg

und

seine Bedeutung für die Gegenwart.

Nach zwei Vorträgen,
gehalten in der militärischen Gesellschaft zu Posen

von

A. von Boguslawski,
Oberstlieutenant.

Mit 5 Skizzen.

BERLIN.
Verlag von Friedrich Luckhardt.
1881.

Inhalts-Verzeichniss.

I. Ueber den Begriff des kleinen Krieges. 1
II. Zweck, Charakter und Merkmale des kleinen Krieges 8
III. Historische Entwickelung 10
IV. Besondere Gründe für den kleinen Krieg in der Gegenwart 17
V. Der kleine Krieg in seinen Hauptsphären.
    Die in ihm wirksamen Mittel, Sein Verhältniss zur Bevölkerung 20
VI. Beispiele.
    Der Ueberfall von Assendrup, 28. März 1864 33
    Die Gefechte von Lundby und Sönder-Tranders am 3. Juli 1864. 40
    Betrachtungen 50
    Die Beunruhigung der Verbindungslinie der II. Armee in den
        Departements der Meuse, Aube, Yonne, Haute Marne und
        Côte d'Or vom Herbst 1870 bis Ende Januar 1871, sowie die
        Wirksamkeit der Festung Langres 57
    Ueberfall bei Prauthoi, 28. Januar 1881 64
VII. Ausbildung für den kleinen Krieg 73

I.

Ueber den Begriff des kleinen Krieges.

Begriffserklärungen müssen treffend und erschöpfend sein, wenn sie nützen sollen. Sie sind es aber sehr selten, und dies ist ganz besonders in kriegerischen Sachen, welche über die blosse Form hinausgehen, der Fall. Es rührt dies daher, weil im Kriege eine so grosse Menge verschiedenartiger Faktoren auftreten und zur Geltung kommen, wie in keinem anderen irdischen Geschäft.

Schon die Begriffserklärungen des Krieges selbst sind sehr zahlreiche. Man kann mancherlei sehr zutreffende und doch ganz verschieden lautende geben.

So sagt ein Theil unserer taktischen Lehrbücher: Krieg ist der gewaltsame Kampf zwischen Völkern und Staaten. — Die Erklärung ist unbezweifelt richtig, aber rein äusserlich und das Wesen der Sache durchaus nicht erschöpfend.

Unser grösster Kriegsphilosoph giebt mehrere Erklärungen. So: der Krieg ist nichts als ein erweiterter Zweikampf. Ferner: der Krieg ist ein Akt der Gewalt, um den Gegner zur Erfüllung unseres Willens zu zwingen. Drittens: der Krieg ist eine Fortsetzung der Politik mit anderen Mitteln. Endlich erklärt er ihn für einen Akt des menschlichen Verkehrs; er sei keine Kunst oder Wissenschaft, sondern gehöre in das Gebiet des menschlichen Lebens; er sei ein Konflikt menschlicher Interessen, der sich blutend löst.

Alle diese Begriffserklärungen motivirt Clausewitz nicht nur in der geistreichsten und anregendsten, sondern auch in der gründlichsten Weise. Vielleicht will er gerade dadurch beweisen, wie vielseitig der Krieg ist: jedenfalls hat er es damit bewiesen.

Die Ergründung und Erforschung der Dinge steckt uns Deutschen tief im Blut, und wer wollte dagegen etwas sagen, wenn sie derart geschieht wie bei Clausewitz, in einer Weise, die keine Ermüdung aufkommen lässt, das Studium, den Nacheifer anregt, und welche durch die tiefe Betonung der moralischen und inneren Triebfedern des Krieges, sowie durch die des grössten und wichtigsten äusseren Faktors, des Gefechts, den geometrischen Systemen für immer einen gewaltigen Stoss versetzte, wie sie Ende des 18. Jahrhunderts das Bürgerrecht erlangt hatten.

Es ist aber ein grosser Fehler, wenn man der Ergründung der Dinge dadurch Vorschub zu leisten meint, dass man sich möglichst bemüht, jeden allgemeinen Begriff genau zu erklären und sodann zu bezeichnen, und wenn man dann wirklich „mit Worten ein System bereitet hat", sich dem Glauben überlässt, nun sei drei Viertel der Arbeit gethan. Man thut damit ganz das Entgegengesetzte, was Clausewitz und jeder Philosoph, der wirklich diesen Namen verdient, gethan haben. — Man sollte auch höchst vorsichtig sein, ehe man zur Aenderung alter Begriffsbezeichnungen schreitet, und sich überlegen, ob man wirklich etwas Besseres an die Stelle zu setzen weiss.

Vor Allem erscheint es mir verwerflich, sich kunstvoll zu bemühen, von Neuem in einen möglichst gelehrten Wulst hineinzusteigen und sich dadurch von der Allgemeinheit abzuschliessen. Nicht das Abschliessen von dieser, sondern die **weitere Ausdehnung der wahren militärischen Begriffe auf das ganze Volk** erscheint mir als das Streben der Zukunft, und als die Lösung der Aufgabe, anderen Nationen den so lange behaupteten Vorsprung auf's Neue abzugewinnen. Durch dieses Mittel wenigstens erreichte das grösste Kriegervolk der Erde, die Römer, den Gipfelpunkt der Macht, die ein Staat inne haben kann.

Dieser Gedanke begegnet aber vorläufig noch bei vielen Militairs die entschiedenste Abneigung.

Jedenfalls aber muss sich jede Begriffsbezeichnung möglichst an den allgemeinen Sprachgebrauch halten.

Wenn man aber z. B. neuerer Zeit dem Worte „Kampf" - ein altes gutes deutsches Urwort — eine specielle Bedeutung hat beilegen wollen, so thut man Unrecht, denn man setzt sich hiermit in Gegensatz zu dem allgemeinen Gesetz der Sprache, welches diesem Worte den umfassendsten Begriff zuweist. Man kann eine Schlägerei im Wirthshause, eine gelehrte oder parlamentarische Erörterung, ein Duell, aber auch die Schlacht bei Waterloo, und den ganzen Krieg Europas gegen Napoleon I. einen „Kampf" nennen.

Wie also könnte man dazu kommen, mit dem Worte Kampf einen in den Grenzen der niederen Taktik sich haltenden Zusammenstoss bezeichnen zu wollen? Mit welcher Berechtigung will man ferner mit dem Worte „Gefecht" einen höher stehenden umfassenderen Begriff verbinden? Aber die Vorliebe für Begriffserklärungen und Begriffsbezeichnungen ist bei uns oft unüberwindlich. Sie steigt hinunter bis in die Unterrichtsstunden unserer Soldaten, unserer Rekruten. In den Instruktionsbüchern, welche wir für die Rekruten benutzen, kann man hin und wieder in der Philosophie Unterricht nehmen, d. h. es werden dem Manne eine Menge Begriffserklärungen gegeben, die er durchaus nicht nöthig hat. Da fragt man: was ist die Treue, was ist der Gehorsam? Solche Begriffserklärungen gehen nicht nur weit über die Fähigkeiten unserer Leute, sie sind sogar für einen Gebildeten schwer zu geben.

Clausewitz sagt sehr richtig: ich sehe das Getreide wachsen und weiss wozu es dient: ist es, um die äusserlichen Folgen dieser Erscheinung zu ermessen, nöthig, dass ich der Allgemeinheit den Process des Werdens und Wachsens klar mache? Glaubt man denn, dass der Mann nicht weiss, was Gehorsam oder Treue, oder Tapferkeit ist? Dass er es nicht fühlt? Man sage ihm, welchen Zweck der Gehorsam hat, dass er das Ganze im Frieden und Kriege zusammenhält, man mache ihm den Werth der Treue gegen den Kaiser und die Fahne, die Schmach und das Verderben der Untreue begreiflich — aber man lasse ihm keine Begriffserklärungen (Definitionen) auswendig lernen — und man hat vollkommen genug gethan, und Zeit zu nützlicheren und den Mann anregenderen Dingen gewonnen.

Man hat sich jetzt vielleicht schon die Frage vorgelegt, wann ich zum „kleinen Kriege" kommen werde.

Meine Einleitung hat aber auch nur den Zweck zu versichern, dass ich **keine Erklärung** vom „kleinen Kriege" geben werde, jedoch konnte ich es mir nicht versagen, sie ein wenig in die Breite zu dehnen, um eine Krankheit zu charakterisiren, die, wie ich gezeigt habe, ihre Wurzeln bis in die untersten Schichten treibt.

Was ist der kleine Krieg? Die alten, in früheren Zeiten wohlbekannten, jetzt sehr in Vergessenheit gekommenen Werke von Valentini und Decker — die ich hiermit wieder hervorhole — beantworten die Frage nicht genügend.*)

Valentini sagt: Unter dem kleinen Kriege verstehe ich alle diejenigen Verrichtungen im Kriege, welche die Operationen einer Armee oder eines Korps nur begünstigen, ohne an und für sich eine unmittelbare Beziehung auf Eroberung oder Behauptung des Landes zu haben; ferner die Sicherung und selbst das Verbergen der Hauptmacht sowohl in Stellung als Bewegung, und diejenigen Gefechte also, die bloss bezwecken, dem Feinde Abbruch zu thun.

Decker erklärt, die erste Hälfte jener Erklärung entspräche dem Begriff, die zweite Hälfte nicht, denn alle Gefechte hätten den Zweck, dem Feinde Abbruch zu thun.

Valentini rechnet nun zum kleinen Kriege eine ganze Menge Zweige, die man jetzt gewöhnlich einfach dem „Felddienst" zuweist, und die sowohl im kleinen Kriege, wie bei den grossen Operationen eine Rolle spielen, z. B. den Vorposten-Rekognoszirungs-Patrouillen-Aufklärungsdienst aller Art. Sodann rechnet er dazu: die Deckung von Fouragirungen, Transporten, Ueberfälle u. s. w., endlich auch die Thätigkeit der Streifkorps und den Parteigängerkrieg.

Decker will keine Begriffserklärung des kleinen Krieges geben, sondern nur seine Zwecke und Ziele betrachten, sondert aber eigenthümlicher Weise den Parteigängerkrieg ganz von dem kleinen

---

*) Es ist wohl selbstverständlich, dass diese Werke Angesichts der ungeheuren Veränderungen der Bewaffnung und Taktik, besonders aber auch der Organisation der Armeen, der Entwicklung der Eisenbahnen und der Drathverbindungen, sowie anderer zahlreicher technischer im Kriege anzuwendender Erfindungen für die Gegenwart nicht mehr voll zu verwerthen sind.

Kriege ab, zu dem er sonst dieselben Dienstzweige wie Valentini rechnet. Er unterscheidet den Dienst der Parteien, d. h. selbstständig der Armee vorgesandter Abtheilungen, von dem Parteigängerkriege, der sich mit seiner Wirksamkeit auf Flanken und Rücken der Armee erstreckte und für den sich absolut keine Regeln aufstellen liessen.

Mag nur dies Letztere richtig sein oder nicht, so erscheint doch die Decker'sche Verbannung des Parteigängerkrieges aus dem kleinen Kriege als eine durchaus willkürliche und unbegründete.

In die Decker'sche Auffassung und auch in die von Valentini spielen noch vielfach Anklänge aus dem 18. Jahrhundert hinein. Viele Ansichten über den Vorpostendienst sind noch ganz nach den unter Friedrich gehandhabten Vorschriften gemodelt z. B. die Begriffe und der Ausdruck einer Partei. Unter einer solchen verstand man im 17. und 18. Jahrhundert bekanntlich eine auf ein oder zwei Märsche vor die Armee geschickte Abtheilung, welche theils nur den Zweck der Erkundung, theils den der Schwächung des Feindes im Einzelnen hatte.*)

Wenn man diese Begriffserklärungen und Klassificirungen Valentinis und Deckers betrachtet, so wird es eben wieder klar, wie schwer es ist, etwas zum Kriege gehöriges vollkommen zu erklären, das über die blosse Form hinausgeht. — Jedermann weiss wohl im Allgemeinen, was man unter „kleinem Kriege" zu verstehen hat, und doch wird man nicht dahin gelangen, ihn sicher zu definiren.

Es ist dies auch so wichtig nicht, denn die Feststellung eines wissenschaftlichen Gattungsbegriffs beeinflusst die Handlungsweise des einzelnen Führers im gegebenen Fall immer nur in ganz bedingter Weise; wichtiger ist es, das Wesen der Sache zu erfassen, das richtige Gefühl für dieselbe zu gewinnen, dann wird die Einsicht, wie in dem oder jenem Falle gehandelt werden soll, nicht ausbleiben. Es ist auch nicht nöthig jede Kriegshandlung genau rubriciren zu wollen.

---

*) Neuerdings hat das Generalstabswerk die Bezeichnung „Streifpartei" wieder vielfach gebraucht und mit vollem Recht, denn derselbe ist bezeichnend.

Wenn eine Kavallerie-Abtheilung unter den Verhältnissen der Gegenwart ausgesendet wird, um eine Eisenbahn im Rücken des Feindes zu zerstören, so ist kein Zweifel, dass die Thätigkeit der Abtheilung selbst, ob sie nun dabei den Widerstand einer feindlichen Abtheilung zu besiegen hätte oder nicht, in den kleinen Krieg zu rechnen ist.

Falls aber eine Kavallerie-Abtheilung von einer vor der Operationsfront stehenden Reiterdivision zur Erkundung weiter vorgetrieben wird, so wird es ganz auf die Verhältnisse des Geländes, der Kriegslage, der Entfernung von dem Gros und der also zu entwickelnden Selbstständigkeit ankommen, wohin man solche Thätigkeit zu rechnen hat.

Wir verwerfen also von vornherein die Valentini'sche und Decker'sche Eintheilung: den Vorposten und Patrouillen-, den Rekognoszirungsdienst insgesammt in den kleinen Krieg ein für alle Mal mit hineinzuziehen und danach den Begriff festzustellen, sondern meinen, nur einzelne Handlungen aus diesem Dienst, welche einen besonderen Charakter tragen, dazu rechnen zu können.

Ich will Beispiele anführen. Als am 15. August 1870 die Kavalleriedivision Rheinbaben die Brigade Redern gegen die Strasse Metz-Verdun vorschickte, diese wieder Schwadronen zur Sicherheit und Aufklärung vortrieb, mit denselben auf die Seitenschwadronen und Spitzen der französischen Kavalleriedivisionen Forton stiess, sich daselbst nun einzelne Zusammenstösse und eine Kanonade entspannen, welche auf französischer Seite die Divisionen Forton und Valabregue, auf preussischer Seite 34 Schwadronen vereinigte, so wird man das Auftreten der ersten Schwadronen unmöglich kleinen Krieg nennen können, denn die Massen beider Armeen waren in Bewegung und standen schon nahe an einander; wohl aber wird man dazu die Thätigkeit der Kavalleriedivisionen bezw. gemischten Abtheilungen behufs Deckung der Belagerung von Paris, oder später in den Ruhepausen zwischen den grossen Kriegshandlungen am Loir und in der Gegend von Lemans sowie an anderen Orten rechnen können.

Eine Unterscheidung zwischen grossem und kleinem Kriege je nach der Stärke der Abtheilungen zu machen, würde noch weniger angehen, denn Gross und Klein sind relative Begriffe. Ebenso würde es sich verhalten, wenn man den Raum, welcher die Abtheilungen von dem Haupttheil der Armee trennte, allein in Betracht ziehen und danach den Begriff feststellen wollte.

Da ich also auf eine allgemeine Begriffsbezeichnung ausdrücklich verzichte, will ich in Nachstehendem versuchen einige Merkmale des kleinen Krieges aufstellen, seinen Charakter klar legen, und seinen Zweck zu bezeichnen.

II.

Zweck, Charakter und Merkmale des kleinen Krieges.

Die Hauptzwecke des kleinen Krieges können sein: die Erkundung des Feindes;
die Sicherung der eigenen Truppen;
die Hinhaltung des Feindes;
die Fortsetzung des Widerstandes in der oder jener Provinz gegen ein Einbruchsheer zu einem bestimmten politischen Zweck;
die Beunruhigung des Feindes; alles womöglich, ohne ein Gefecht, in dem die Existenz der betreffenden Abtheilung auf das Spiel gesetzt zu werden braucht.

Die beiden ersten Punkte begreifen den Erkundungs- und Sicherheitsdienst, soweit er nicht mit den grossen Operationen — wie schon oben erwähnt — unmittelbar zusammenhängt.

Der dritte Punkt schliesst Scheinunternehmungen in sich, oder das Auftreten von Streifkorps, in der Absicht, die Aufmerksamkeit des feindlichen Feldherrn auf diese oder jene Gegend zu lenken.

Der vierte Punkt, die Beunruhigung des Feindes hat das weiteste Feld, denn er kennzeichnet einzelne Vorstösse während der Pausen in den grossen Operationen, die Thätigkeit einzelner Abtheilungen in Flanken und Rücken des Feindes, um ihm durch ihre Unternehmungen den grösstmöglichsten Abbruch zu thun, ihn in Spannung zu halten und vor Allem seine Verbindungen zu unterbrechen oder zu schädigen.

Der fünfte Punkt hat als Voraussetzung eine Kriegslage, in welcher es dem Feinde gelungen, eine oder mehrere Provinzen des Staates zu besetzen, diesem letzteren aber nicht nur daran gelegen ist, der vorrückenden feindlichen Armee in Flanke und Rücken die möglichsten Schwierigkeiten zu bereiten, sondern auch die Oeffentlichkeit und die anderen Staaten in dem Glauben zu erhalten, dass jene Provinzen eigentlich noch gar nicht unterworfen seien.

Ein solcher Zustand trat z. B. 1807, als Napoleon an die Weichsel vorrückte, in Schlesien ein, wo vom Gebirge aus preussischer Seit's der kleine Krieg möglichst organisirt wurde. — Diese Akte des kleinen Krieges werden häufig mit der bewaffneten Theilnahme der Bevölkerung am Kampfe verbunden sein müssen, wenn sie den vorgesetzten Zweck erreichen sollen.

Ein Merkmal des kleinen Krieges ist eine gewisse Selbstständigkeit der auftretenden Abtheilung und des Führers, welche gewöhnlich grösser als die in einer zusammenhängenden Kriegshandlung, im gewöhnlichen Truppenverbande, entwickelte ist. Ob die auftretende Abtheilung sich nun Patrouille, Rekognoszirung, Detachement, Streifpartei, Streifkorps oder Parteigänger nennt, ist im Grunde gleichgültig; es kommt nicht auf den Namen, sondern auf die Art der Ausführung der Aufgabe und auf die Eigenthümlichkeit der Lage an.

Unternehmungen der seitwärts von der Hauptarmee oder in den Rücken der feindlichen Armee entsendeten Streifkorps oder Parteien, sind immer in das Gebiet des kleinen Krieges zu rechnen.

Glauben wir hiermit die Abgrenzung des Gebietes des kleinen Krieges im Grossen einigermassen gegeben zu haben, so beabsichtigen wir durchaus nicht, die Gattung der Kriegshandlungen näher zu bezeichnen, welche in denselben zu verweisen sind, sondern werfen nur wieder im Allgemeinen einen Blick auf die Art und Weise, wie die Kriegshandlung des kleinen Krieges sich gestaltet.

Die Art und Weise, wie die auftretenden Abtheilungen ihre Ziele zu erreichen suchen, charakterisirt sich hauptsächlich durch die Anwendung von Heimlichkeit, Verschlagenheit, Vorsicht, wenn aber die Gewalt angewendet werden soll, durch eine überraschende Entwickelung von Entschlossenheit und Kühnheit.

Man kann schon hieraus erkennen, in wie hohem Grade auch der kleine Krieg auf der Ausnutzung der moralischen Faktoren basirt. —

III.
Historische Entwickelung.

Wenn wir das Mittelalter und Alterthum ausser Spiel lassen, so sehen wir, dass der kleine Krieg im 17. Jahrhundert und auch im 18. einen sehr grossen Theil der Thätigkeit der Armeen ausfüllte.

Im dreissigjährigen Kriege wurde der kleine Krieg, so zu sagen, im Grossen, hin und wieder einzig und allein geführt, während die Armeen sich in irgend welchen festen Stellungen, oder in Quartieren gegenüber lagen.

Man lese darüber die betreffenden Kapitel aus dem Simplex-Simplicissimus, welcher besser als alle militairgeschichtlichen Bücher klar macht, in welcher Weise der kleine Krieg damals in Deutschland betrieben wurde.

Mannsfeld, Christian von Braunschweig waren übrigens nichts als grosse Parteigänger. Johann von Werth erhob seinen Namen als solcher zu bedeutendem Kriegsruhm.

Das 18. Jahrhundert zeigte eine ganz veränderte Kriegsweise im Grossen. Der Krieg ernährte nicht den Krieg, sondern die Magazine die Truppen. Nur die Fouragirung wurde grundsätzlich zur Ausführung gebracht, die Zwangslieferung von Lebensmitteln (Requisition) war ein unbekanntes Ding.

Die Bevölkerung war, wenige Fälle ausgenommen, gänzlich theilnahmlos. Die Kriegsführung war thatsächlich viel humaner als heute; hin und wieder — jedoch nicht zu häufig, wurde das humane System durch Ausbrüche einer früheren wilderen Gesinnung, durch gestattete oder angeordnete Plünderungen, durchbrochen.

Der kleine Krieg hielt sich jedoch fast auf derselben Höhe. Die Armeen hatten eine Fechtweise für die Schlacht angenommen, welche das zerstreute Gefecht der Infanterie nicht kannte. Nur die sogenannten leichten Truppen — besonders die Kroaten im österreichischen Heere — hatten von demselben einen naturwüchsigen Begriff.

Von diesen also, und zwar meist von Kavallerie, jedoch auch von gemischten Abtheilungen, wurde der kleine Krieg geführt.

Man weiss, wie bitter Friedrich zuerst den Mangel an leichten Truppen empfand; wie er mit allen Kräften dahinstrebte, sich solche zu verschaffen und wie ihm dies in seinen Husaren — weniger gut in seinen Freibataillonen und seinen Jägern — gelang. Dennoch wurde er 1745 fast nur durch den kleinen Krieg der Oesterreicher genöthigt, Böhmen zu räumen.

Beerenhorst erklärt: Napoleons Kriegsweise hätte den kleinen Krieg getödtet; und er hatte nicht ganz Unrecht darin. Jedenfalls trugen das Requisitionssystem, durch welches — beiläufig gesagt — die das Prinzip der Humanität proklamirende französische Revolution den schon errungenen thatsächlichen Humanismus in der Kriegführung tödtete — welches aber die Verbindungen der Armee in Bezug auf Verpflegung weniger empfindlich machte, und die raschen gewaltigen Schläge, mit denen Napoleon seine Gegner in den ersten 12 Jahren seines Auftretens niederschmetterte, endlich die immer grösser werdende Gleichmässigkeit in der Ausbildung der Truppen dazu bei, den kleinen Krieg zu beschränken.

Denn wenn man früher nur leichte Truppen, bei den Oesterreichern, Husaren, ungarische Insurgenten, Kroaten; bei den Preussen, Husaren, Freibataillone und das Jäger-Regiment für tauglich zur Führung des kleinen Krieges hielt, wohnte die Fähigkeit, in diesem aufzutreten, jetzt einem grossen Theil der Kavallerie und fast der gesammten Infanterie bei. Die Truppen, die ihn früher hauptsächlich geführt hatten, konnten durch ihre Eigenart keine besondere Ueberlegenheit mehr gegen die anderen Truppen im kleinen Kriege entwickeln. Dennoch aber suchten österreichische Streifkorps 1795 und 1800 mit Hülfe der Bauern des Schwarzwaldes gegen die Verbindungen der in Süddeutschland vorgedrungenen Franzosen zu wirken, und preussische Parteigänger rührten sich 1807 in Napoleons Rücken. In Schlesien wurde damals eine Episode des kleinen Krieges in's Werk gesetzt und aus den Volkskriegen der Vendée, in Spanien und Tirol hatte er schon früher neue Nahrung gezogen.

Ein sogenannter Volkskrieg ist auf die Dauer nur denkbar in Ländern von einer Beschaffenheit, welche die Bewegungen der regelmässigen Armeen erschweren. Ein Volkskrieg ist **nicht** identisch mit dem kleinen Kriege oder dem Parteigängerwesen, aber er ist oft vortheilhaft mit demselben verbunden.

Als nun die Nationen Europas Napoleon I. mit seinen eigenen Mitteln zu bekämpfen anfingen, richtete sich die Aufmerksamkeit mehr auf die durch die grossen Armeen zu führenden Schläge als auf einen lebhaften Parteigängerkrieg.

Indess wurde derselbe durchaus nicht vernachlässigt.

Das Korps von Tschernischeff leistete 1813 an der unteren Elbe hervorragendes. Die Besitznahme von Hamburg, der glänzende Streich von Halberstadt, 30. Mai, wo 14 Kanonen und 1000 Mann in die Hände der Russen fielen, der Zug nach Kassel kennzeichneten seine Thätigkeit. Der Ueberfall von Braunschweig durch Marwitz; die Thätigkeit der Streifkorps von Lützow und Colomb auf der Verbindungslinie der französischen Armee — wo letzterer am 23. Mai bei Zwickau einen Transport von 24 Geschützen, 46 Wagen und 300 Mann aufhob, bewiesen, dass die Preussen den kleinen Krieg auch zu führen wussten.

Diese Streifzüge trugen dazu bei, die Franzosen abzuschliessen, die Verpflegung und auch die Leitung des Ganzen zu erschweren. Dies trat z. B. vor der Schlacht bei Bautzen durch die mangelhafte Verbindung zwischen Napoleon in Sachsen und dem nordwärts entsendeten Marschall Ney recht deutlich hervor.

Trotz alle dem erscheint der kleine Krieg, wenn man die ganze Napoleonische Periode betrachtet, in seiner Hauptwirksamkeit auf die Länder beschränkt, in denen er durch einen Volkskrieg und eine gebirgige, oder sehr waldige Beschaffenheit begünstigt wurde.

In dieser Anschauung ging die grosse Kriegsperiode zu Ende. Dennoch aber bewiesen die Werke von Decker und Valentini, dass man sich der Wichtigkeit des kleinen Krieges bewusst blieb und über denselben nachdachte.

In der Zeit zwischen 1815 und 1859 führten die Karlisten einen wirksamen kleinen Krieg und auch die Insurrection von 1863 in Polen kann man zu demselben rechnen. Auch die Kämpfe im Grossherzogthum Posen 1848 tragen theilweise diesen Charakter, die Feldzüge von 1848 und 1849 in Ungarn weisen mannichfache Akte des kleinen Krieges auf.

Wenden wir uns den neuesten Kriegen zu, so sehen wir Garibaldi 1859 die Operationen der französisch-sardinischen Armee durch seinen Zug in den nördlichen gebirgigen Theil der Lombardei begleiten, der ihm aber bei einem Haare übel bekommen wäre, denn er war von dem Detachement des Feldmarschalllieutenant Urban an den Laggo maggiore gedrückt und wurde nur durch den französischen Sieg bei Magenta befreit.

Der Krieg von 1866 zeigt nur sehr wenig in dieser Richtung, er war zu kurz. Wäre jedoch der Krieg nach der Waffenruhe fortgesetzt worden, so würden österreichische Streifkorps in unserem Rücken aufgetreten sein.

Der längere französisch-deutsche Krieg bot schon zum Theil ein anderes Bild. Während der langen Zeit der Belagerung von Paris musste der kleine Krieg in mehreren Gegenden einen gewissen Aufschwung nehmen. Eine ganze Anzahl deutscher Unternehmungen trägt den Charakter desselben.

Dies war der Fall in den Gegenden bei Vendôme, Chartres, Dreux und Evreux, auch nördlich Rouen, theilweise auch bei Amiens und auf dem südöstlichen Schauplatz.

Die Thätigkeit der vor der Front der deutschen Armee vorgeschobenen Kavallerie-Divisionen, genauer gesagt, der von ihnen weiter vorgetriebenen Abtheilungen, muss man grösstentheils zum kleinen Kriege rechnen.

Der Parteigängerkrieg der Franzosen, hauptsächlich durch Franctireurs, Freischaaren und Mobilgarden geführt, nahm nicht die Ausdehnung, die er hätte nehmen sollen.

Indess trat doch Ende December und im Januar eine lebhaftere Beunruhigung der deutschen Verbindungen ein, welche durch das Aufgebot stärkerer Abtheilungen der den deutschen General-Gouverneuren unterstellten Kräfte, sowie auch der Feldarmee bekämpft werden musste.

Wir werden einen Theil des im Rücken der deutschen Armee geführten kleinen Krieges weiter unten genauer betrachten.

Wie schon in den Kriegen des grossen Napoleon war dem französischen Parteigängerkriege schädlich die Masse der Invasionsarmee, welche meist die feste Besetzung der Etappenlinien möglich machte; ferner die geringe Unterstützung der Bevölkerung, von welcher ein starker Procentsatz der Waffenfähigen zur regelmässigen Armee einberufen war.

Diese Umstände haben die Meinung vielfach auftreten lassen, als ob der kleine Krieg ein gänzlich überwundener Standpunkt sei.

Man müsse — wird erklärt — ihn im Gegentheil als ein unnützes Anhängsel betrachten, welches wo möglich abzuschaffen sei.

Der kleine Krieg, sagt man weiter, führt, indem er die Bevölkerung des befreundeten Landes zur Theilnahme und zur Unterstützung aufruft, nur Repressalien des Invasionsheeres herbei und macht den Krieg grausamer, verheerender, ohne etwas Wichtiges bewirken zu können.

Die Kavallerie-Divisionen besorgen uns die Aufklärung, und die grossen Schläge sind doch das eigentlich Entscheidende, wozu noch kleiner Krieg?

Dieser Standpunkt vergisst zuvörderst, dass eben gewisse Lagen im Aufklärungsdienst sicherlich stets den Charakter des kleinen Krieges tragen werden.

Der kleine Krieg ist ein Begriff, der sich von dem Rahmen der grossen Operationen abhebt und seine Eigenart bewahrt. So z. B. werden sich die Sicherheitsmassregeln im kleinen Kriege häufig ganz von denen im grossen unterscheiden. — Hier ein zusammenhängendes Vorpostensystem, — dort einzelne Kosakenposten, stehende Patrouillen, vielleicht nur einige Landeseinwohner, welche desto unverfänglicher den Feind zu beobachten im Stande sind.

Es giebt eben nicht eine Seite des Krieges, die man ungestraft vernachlässigen darf. Diejenige Armee, welche es sich zum Grundsatze machte, auf den kleinen Krieg zu verzichten, oder aus Gleichgültigkeit den Begriff desselben verlöre, würde einer anderen darin geübten und erfahrenen gegenüber bald zu bemerken haben, wie sehr sie in Nachtheil gesetzt und in ihren Bewegungen beengt sei.

Setzen wir den Fall, dass alle grossen Kriege einen ähnlichen Verlauf nähmen wie 1866 und 1870/71, so könnte man als festgestellt erachten, dass der kleine Krieg in der That gegen das 17. und 18. Jahrhundert einen gewissen Rückschritt gemacht habe. Die Ursachen sind oben auseinandergesetzt, indess ist damit nicht bewiesen, dass nicht schon 1870/71 mehr von französischer Seite hätte in demselben geleistet werden können, falls man ihn geschickter betrieben hätte. Die französischen Franctireurbanden waren hierzu meist ungeeignet, wie denn der Franzose überhaupt niemals grosses Talent für den kleinen Krieg gezeigt hat. Die Schaaren, welche sich in den revolutionären Bewegungen des 19. Jahrhunderts an verschiedenen Orten zusammenthaten, nannten sich ebenfalls Freikorps, auch Freischaar, und glaubten damit eine besondere Befähigung für den kleinen Krieg erworben zu haben, was gar nicht der Fall war, denn gerade die Truppen, die denselben unterhalten und in ihm wirklich etwas leisten sollen, die ihm als Kern und Halt dienen, müssen abgehärtete, gut geschulte und disziplinirte Soldaten sein.

Die in den Armeen auftretende Neigung, die Truppen nur für den grossen Schlag zu schulen, der Auflösung im Gefecht vorzubeugen, die selbstständige Thätigkeit der Schützen einzuschränken und unter eine strenge Feuerdisziplin zu beugen, alles dies führt, wenn auch unwillkürlich, dazu, den kleinen Krieg allmählig mehr bei Seite zu schieben.

Sollten wir in dieser Richtung der Ausbildung aber zu viel thun, d. h. den selbstthätigen Schützengeist in unsern Truppen zu weit unterdrücken, so würde gerade der kleine Krieg später wieder ein um so furchtbarerer Gegner für uns werden.

Die jetzige Kriegsweise hat Momente aufzuweisen, welche den kleinen Krieg eingeschränkt haben, sie hat aber auch solche, welche ihn anderseits geradezu herausfordern, sie hat empfindliche Stellen, welche es zu benutzen heisst.

Die Neigung, uns nur für die grosse Kriegshandlung, für die Schlacht ausbilden zu wollen, hat mehrfach dazu verführt, die Gefechte einzelner Bataillone oder Kompagnien als etwas ganz seltenes hinzustellen, dessen Uebung eigentlich nicht der Rede werth sei. Abgesehen davon, dass die Schlachten sich aus einzelnen, wenn auch zusammenhängenden Kriegshandlungen zusammensetzen, so finden solche Zusammentreffen doch häufig statt, wie zahlreiche Treffen des Krieges 1870/71 beweisen. Auch in diesen, nicht nur in dem grossen Gefecht müssen wir dem Feinde überlegen sein.

IV.
Besondere Gründe für den kleinen Krieg in der Gegenwart.

Unter diesen erwähne ich obenan die grosse Empfindlichkeit unserer Verbindungen. — Die Ernährung der ungeheuren in's Feld geführten Massen basirt auf der Zwangslieferung (Requisition) und auf dem Eisenbahntransport der Magazinvorräthe und Lieferungen. Die Leitung der grossen Armeen ist durch den Telegraphen ungemein erleichtert. Gegen diese nun (die Eisenbahnen und den Draht) muss sich der kleine Krieg zum grossen Theil richten. Die Folge davon muss früher oder später eine lebhafte Vertheidigung dieser Linien sein. Der kleine Krieg wird hier ein ergiebiges Feld der Entwickelung finden. —

Ferner: Die rasche Mobilmachung und Versammlung der Armeen ist als eine Hauptsache anerkannt. Um diese zu decken, wirft man einzelne Abtheilungen an die Grenze; um sie zu stören, lässt man seine Kavallerie-Divisionen, falls sie bereit sind, die Grenzen überschreiten, oder unternimmt mit Reiterei, bezüglich mit gemischten Abtheilungen, einzelne Vorstösse.

Es wird also wahrscheinlich ein kleiner Krieg dem grossen Kriege jetzt vorangehen.

Wird ein Staat von mehreren Seiten, z. B. Deutschland von Ost und West zugleich angegriffen, so wird er sich selbstverständlich gegen einen der beiden Gegner auf das Vertheidigungsverfahren beschränken müssen.

Hier dürfte der Fall eintreten, durch einen nachdrücklichen

kleinen Krieg der im Grossen geführten Vertheidigung eine wirksame Hülfe zu schaffen.*)

Ergreift Deutschland in einem Doppelkriege, wie es wahrscheinlich, gegen Frankreich, das Angriffsverfahren, so muss es inzwischen einem russischen Einbruch im eigenen Lande begegnen.**)

Denken wir uns die russische Armee in bedeutender Stärke in die Provinzen Preussen und Posen eingedrungen und nur von einigen deutschen Reservekorps im freien Felde bekämpft, so wird hinsichtlich der Beschaffenheit der Truppen, sowie der grossen Ueberlegenheit des Feindes, ein Ergreifen der aktiven Vertheidigung mit Ausfallstössen nur in seltenen Fällen möglich sein. Bis zum Eintreffen der nach einem glücklichen Schlage gegen die französische Armee verfügbaren deutschen Korps der Feldarmee wird man sich auf eine schrittweise, abschnittsweise Vertheidigung des Landes zu beschränken haben.

An den grossen Seeenketten der beiden Provinzen, wie z. B. die östlich Gnesen oder südlich Inowraclaw, oder bei Angerburg, Lötzen und Johannisberg, sowie in den sumpfigen Flusslinien und in den Wäldern Ostpreussens und Posens und eines Theiles der schlesisch-polnischen Grenzdistrikte würde sich vielfache Gelegenheit zu einzelnen Unternehmungen bieten, würden sich Gefechte abspielen, die ihrem Wesen nach den Charakter des kleinen Krieges tragen dürften.

Noch mehr aber wird der kleine Krieg sich wirksam zeigen, wenn die russische Armee, mit bedeutenden Massen vor Königs-

---

*) Die Wahrscheinlichkeit oder Unwahrscheinlichkeit eines solchen Falles zu erörtern, ist hier nicht meine Sache. Erwähnen will ich nur beiläufig, dass 1866 gerade in der Armee die Meinung von der Unwahrscheinlichkeit des Krieges gegen Oesterreich überwog. — Die dynastischen Rücksichten aber spielen heutzutage in internationalen Verhältnissen eine geringere Rolle als früher. Die Regierungen haben oft den Willen, Frieden zu halten, aber sind sie es immer im Stande? Louis XVI. erklärte unter strömenden Thränen Oesterreich den Krieg. Napoleon III. wurde von zwei Seiten, d. h. von der klerikalen Partei und dem sich auf's Neue regenden Radikalismus, dem er nicht genug thun konnte, in den Krieg getrieben.

**) Die Unterstützung Oesterreichs, welche wahrscheinlich ist, könnte der Sache ein anderes Gesicht verleihen, jedoch muss man bei Erwägung der militärischen Widerstandskraft vor Allem sich auf eigene Füsse stellen; ergiebt die politische Lage dann eine grosse oder kleine Verstärkung — um so besser.

berg, Thorn und Posen stehend, den Versuch machen sollte, in der Richtung auf Glogau oder Frankfurt weiter vorzudringen.

Die wenigen Eisenbahnlinien, die in das deutsche Gebiet führen, besonders die durch Polen laufende Warschau-Thorn und Warschau-Mislowitz müssten der Zielpunkt steter Beunruhigung sein; die Wälder den gegen die Verbindungen der russischen Armee operirenden kleinen Abtheilungen als Deckung und Sammelpunkt dienen.

Nur so wäre der zahlreichen leichten und unregelmässigen Reiterei der Russen ein Paroli zu biegen. Entgegengesetzten Falles würde dieselbe der deutschen Armee durch den von ihr geführten kleinen Krieg sehr lästig fallen.

Wir glauben genug gesagt zu haben, um unsere Behauptungen dahin zusammenfassen zu können:

Der kleine Krieg hat im 17. und 18. Jahrhundert eine grosse Rolle gespielt: er konnte selbst in einzelnen Feldzügen als entscheidender Faktor auftreten.

Im Allgemeinen hat er von dieser Rolle eingebüsst. Aber schon der Sicherheits-, Aufklärungs- und Erkundungsdienst rechtfertigt ein tieferes Eindringen in sein Wesen.

Die Empfindlichkeit der Verbindungen durch Eisenbahnen und Telegraphen, die modernen Mittel, welche die Zerstörung derselben erleichtern, die Deckung des Aufmarsches und der Mobilmachung an den Grenzen werden ihm wahrscheinlich einen neuen Impuls verleihen und seine Wichtigkeit abermals darlegen. Auch die überall ausgeführten mächtigen Befestigungsanlagen werden hin und wieder dem Bewegungskriege mit zwingender Gewalt ein Halt zurufen, und während dieser Pausen wird und muss der kleine Krieg eine schwerwiegende Wirkung äussern.

V.

Der kleine Krieg in seinen Hauptsphären.

Die in ihm wirksamen Mittel. Sein Verhältniss zur Bevölkerung.

Im Folgenden sollen durchaus nicht Regeln aller Art gegeben werden, wie der Führer einer Abtheilung im kleinen Kriege sich gegen seine Leute, die Bevölkerung, in Bezug auf die Hauptarmee, bei der oder jener Gelegenheit, bei einem Versteck, Hinterhalt, Transport, Patrouille, Handstreich zu verhalten hat, sondern es sollen nur kurz die Gestaltungen im Grossen berührt werden, unter denen der kleine Krieg zu Tage tritt.

Man kann den kleinen Krieg betrachten:
1. Nach der Beschaffenheit des Landes;
2. nach der Kriegslage und nach den Mitteln, mit denen man ihn führt.

Wir haben schon erwähnt, dass die gebirgigen Länder die für ihn am geeignetsten sind, wie Spanien, Tyrol, die Schweiz, Bosnien, Montenegro.

Sodann folgen die von bedeutenden Waldungen bedeckten oder stark durchschnittenen, von Sümpfen und Wasserläufen durchzogenen Gegenden.

Endlich ist geeignet ein schmaler Landstrich, welcher von mehreren Seiten von der See umspült wird, wenn die denselben vertheidigende Macht die See beherrscht, wie dies z. B. in den Kriegen Deutschlands gegen Dänemark von 1848—1864 in Bezug auf Jütland der Fall gewesen ist.

Eine besondere Erwähnung verdienen noch künstliche Stützpunkte für den kleinen Krieg. Diese können in befestigten und schwer angreifbaren Stellungen oder in Festungen bestehen, welche, wo möglich in gebirgigem und waldigem Gelände gelegen, den Streifparteien einen sicheren Zufluchtsort oder der Besatzung günstige Gelegenheit bieten, durch weit ausgreifende Streifereien die feindliche Armee möglichst zu beunruhigen und so den Wirkungskreis der Festung auszudehnen.

Solche Thätigkeit darf kein Kommandant vernachlässigen. Sie bildet einen Theil seiner Pflichten.*) Selbsvertständlich ist, dass eine derartige Thätigkeit nur stattfinden kann, wenn das Invasionsheer sich auf eine Beobachtung der Festung beschränkt, dieselbe also ungenügend eingeschlossen ist.

In Bezug auf den zweiten Punkt sind 2 Hauptfälle zu unterscheiden:

a. Der kleine Krieg wird im eigenen Lande geführt;
b. er wird in Feindeslande geführt.

Im ersteren Falle wird man fast immer die Unterstützung der Bevölkerung finden, und das ist für den kleinen Krieg ein sehr wesentliches Moment.

Hierbei ist zu unterscheiden, ob diese Unterstützung eine thätige, durch allgemeine oder theilweise Theilnahme der Bevölkerung am Kampfe gegen die feindliche Invasions-Armee ist, oder ob sie nur darin besteht, dass die Bevölkerung den Parteien der eigenen Armee allen möglichen Vorschub leistet, ihnen Nachrichten aller Art bringt, den Feind durch Leute in bürgerlicher Kleidung beobachten lässt, kleine Parteien verbirgt, den Feind durch falsche Nachrichten irre führt, die feindlichen Verbindungen auf alle denkbare Art und Weise zu zerstören sucht.**)

---

*) Vergl. weiter unten das über die Festung Langres während des Krieges 1870/71 Gesagte.

**) Auch eine solche Unterstützung kann einer Invasions-Armee schon recht störend werden, falls sie eine allgemeine wird. Im Bezirk der 10. deutschen Division, 1870 vor Paris, war ein Mann, der dem kleinen aber wohlhabenden Landbesitzerstande angehörte, von einer Dragoner-Patrouille abgefasst worden, als er die Telegraphendrähte durchschneiden wollte. Vor das Kriegsgericht gestellt, beantwortete er in würdigster Haltung die Frage, wie er dazu gekommen sei, mit den Worten: Weil ich Franzose bin! Auf die weitere Bemerkung des Vorsitzenden, was er von einer solchen einzelnen That gehofft habe: Meinen Landsleuten ein Beispiel geben, damit sie es alle so machen. Er bewahrte die prächtigste Haltung bei seiner kriegsgerichtlichen Erschiessung. Solche

Von einem Kriege mit thätiger Beihülfe der Bevölkerung in einem gebirgigen Lande, dem spanischen, entwirft Jomini in seinem „Abriss der Kriegskunst" ein höchst treffendes Bild, in welchem er die Schwierigkeiten und Verlegenheiten schildert, welche für die Invasionsarmee ganz besonders in Bezug auf das Nachrichtenwesen, zu besiegen sind, wie die Befehlshaber im Dunklen tappen, wie der Feind sich den geführten Stössen, stets unterrichtet, zu entziehen weiss, dagegen seinerseits die Verbindungen beunruhigt und unterbricht, die sie deckenden Truppen überrascht, Zufuhren und Depots aufhebt.

Jomini schliesst mit den Worten: „Keine Armee, so kriegsgewohnt sie auch sei, wäre im Stande gegen ein solches System zu kämpfen, falls ein grosses Volk es zu dem seinigen machte, es sei denn, dass sie stark genug wäre, alle wichtigen Punkte des Landes zu besetzen, ihre eigenen Verbindungen zu decken und ausserdem noch Truppen genug übrig zu haben, um den Feind da, wo er sich zeigt, schlagen zu können. Wenn aber der Feind selbst eine beachtenswerthe Armee besitzt, um dem Widerstande als Kern zu dienen, welche Kräfte gehörten nicht dazu, um zugleich überall überlegen zu sein und ausserdem entfernte Verbindungen zu sichern?"

Es ist keine Frage, dass der letzte Theil der von Jomini gemachten Voraussetzungen insofern jetzt zutrifft, als die Einbruchsarmeen in der Regel zahlreiche Truppenkörper besitzen, welche eigens dazu bestimmt sind, die Verbindungen zu decken. Werden nun auch durch die allgemeine Einstellung des kriegstüchtigsten Theils der Bevölkerung dem Volksaufstande Kräfte entzogen, so stehen andererseits jeder Regierung um so zahlreichere regelmässige Truppen zur Verfügung, welche zum Parteigängerkriege verwendet werden können. Durch die allgemeine Einführung der Wehrpflicht ist also die Sachlage in Bezug auf den kleinen Krieg nicht wesentlich verändert.

Es steht freilich ausser Zweifel, dass ein solcher Kampf auf's Messer, an dem sich der Rest der männlichen Bevölkerung.

Leute giebt es allerdings nirgends viele, aber wir müssen dahin streben, möglichst viel solcher zu erziehen. Der Mann gab jeder Nation darin ein Beispiel.

vielleicht auch, wie in Spanien und Tyrol, hin und wieder Frauen und Kinder betheiligen, im Allgemeinen — wie schon oben bemerkt — selten sein wird, weil eben die Masse der Bevölkerung nicht aus Helden besteht.

Dennoch aber scheint es mir unrichtig, wenn die Erhebung der Bevölkerung, die thätige Theilnahme derselben am Kriege, theoretisch und allgemein als absolut bedeutungslos und unwichtig dargestellt wird.

Seit die Kriege eben Nationalkriege geworden sind, muss in einzelnen Fällen und in hierfür geeigneten Gegenden mit dem Volkskriege gerechnet werden, insbesondere, wenn aussergewöhnliche Triebfedern die Masse in starke Erregung gesetzt haben.

Man muss möglichst auf jede Lage vorbereitet sein, und daher müssen wir sowohl verstehen, einen Volksaufstand mit Schnelligkeit und Strenge niederzuwerfen, als auch ihn zur Unterstützung unserer Operationen im eigenen oder befreundeten Lande zu benutzen.

Es ist hierbei nöthig, auf die mehrfach in neuerer Zeit erörterten staatsrechtlichen Seiten der Sache näher einzugehen. Hand in Hand mit der Ansicht von der Nutzlosigkeit einer Unterstützung durch die Bevölkerung geht gewöhnlich die Meinung von der völkerrechtlichen Verwerflichkeit dieses Mittels.

Man hat mehrfach, so z. B. durch die Petersburger „Declaration" vom 16. November 1868, durch den Entwurf einer neuen „Declaration" auf der Brüsseler Konferenz von 1874, ferner durch die Bildung einer internationalen Gesellschaft (institut du droit international), welche 1880 ein Handbuch des Kriegsvölkerrechts herausgab, versucht, gewisse Regeln und Gesetze völkerrechtlicher Natur für die Handlungsweise der Armeen selbst, wie auch in Betreff der Theilnahme der Bevölkerung am Kriege aufzustellen: wann nämlich und unter welchen Umständen es ihr verboten oder erlaubt sein solle, sich am Kampfe zu betheiligen.

So wurde z. B. auf der Brüsseler Konferenz vorgeschlagen, wenn die occupatio bellicosa vollzogen sei, wäre die Bevölkerung verpflichtet, der fremden Autorität zu gehorchen, und müsse ein Aufstand als Rebellion betrachtet werden.

Wann aber ist dieselbe als vollzogen zu betrachten? Wie viele Truppen gehören zu ihrem Vollzuge? Genügt es, wenn eine

Patrouille von 3 Mann ein Dorf besetzt, oder müssen es 500 sein? Bluntschli erklärt in seinem „Modernen Kriegsrecht" Seite 50, der Landsturm*) sei im Recht, wenn er sich zur Vertheidigung des Landes erhebe; er müsse wie Soldaten behandelt werden. Wenn aber die Landstürmer innerhalb des vom Feinde besetzten Gebietes aufständen, so könnten sie nach ihrer Ueberwältigung auch strafrechtlich von der feindlichen Kriegsgewalt verfolgt, d. h. als Kriegsrebellen behandelt werden. Bluntschli fährt dann fort: „Dies gilt auch von Aufständen im Rücken des feindlichen Heeres. Allerdings kann aber die Volkserhebung so gross werden, dass sie die Grenzen des Aufstandes überschreitet und eine neue kriegerische Macht schafft."

Man sieht aus diesen Sätzen und besonders aus dem letztangeführten des berühmten Staatsrechtlehrers gerade, wie schwankend und schnell verwischbar die Grenzen sind, welche hier als Schutzwehr des Rechts gezogen werden.

Meiner Ansicht nach wäre es ein ganz vergebliches Bemühen, so etwas durch Uebereinkommen kodifiziren zu wollen. Eine tapfere abgehärtete Bevölkerung, die ihren Heerd mit der Waffe in der Hand vertheidigen will, oder offenen Aufstand in dem Rücken der feindlichen Armee erhebt, wird man nie davon durch völkerrechtliche Bestimmungen abhalten. Durch die Einführung der allgemeinen Wehrpflicht als in fast allen Staaten gültiges System, welches die Wehrpflichtigen in die Reihen der Armee beruft, hat sich hierdurch völkerrechtlich ebenfalls nichts geändert. Die Bevölkerung wird also auch fernerhin den Truppen des eigenen Staates die Unterstützung leisten, welche sie nach Lage der Dinge für passend erachtet, und zu welcher sie sich durch ihr vaterländisches Gefühl getrieben fühlt, oder sie wird aus Nützlichkeitsgründen jeden Widerstand aufgeben. Die Sache anders betrachten wollen und eine Pflicht des Gehorsams in irgend welcher Form gegen die fremden Truppen und Behörden anerkennen, hiesse die Bevölkerung förmlich für eine feige und vaterlandslose Gesinnung erziehen.**)

*) Unter „Landsturm" ist hier eine Erhebung der Bevölkerung verstanden.

**) Wir können uns daher auch mit den im „Modernen Kriegsrecht" Seiten 16 und 20 ausgesprochenen Grundsätzen, nach welchen sich die Beamten der besetzten Länder rechtlich der feindlichen Kriegsgewalt fügen sollen, ihnen

Das Einbruchsheer wird andererseits es für nöthig halten, den Gehorsam selbst zu beanspruchen. Es erklärt also in den besetzten Landstrichen das Kriegsrecht und setzt strenge Strafen auf Ungehorsam und Widerstand, aus eigener Machtvollkommenheit, nicht auf Grund eines Völkerkodex.

Seine eigene Sicherheit und die Nothwendigkeit gebieten ihm, Versuche des Aufstandes in schon besetzten Gebieten mit blutiger Strenge zu ahnden. Eine Kodificirung des Verhaltens des Einbruchsheeres nun, wie sie behufs Milderung der Kriegsleiden neuerdings, sowohl auf der Brüsseler Konferenz, als sonst in der Oeffentlichkeit mehrfach vorgeschlagen wurde, erscheint ebenfalls, angesichts der an die Führer herantretenden zwingenden Nothwendigkeit für die Sicherheit und Ehre der ihnen unterstellten Abtheilungen Sorge zu tragen, machtlos im konkreten Falle. Das Gesetz, welches Grausamkeiten und Verstösse gegen die sittliche Empfindung eines gebildeten Volkes verbietet, entwickelt sich von innen heraus aus dem gesammten Kulturleben desselben und der dadurch verbürgten Empfindung des Einzelnen.

Solche grosse Gesetze und Errungenschaften sind mehrfach zu verzeichnen und vollziehen sich unter einzelnen rückläufigen Erscheinungen im Laufe der Zeit.

Hierhin sind zu zählen:

Die Respectirung der Parlamentäre, die Schonung des Lebens der Kriegsgefangenen und ihre Verpflegung und Unterbringung, die Schonung des Privateigenthums zu Lande, soweit es nicht Kriegszwecken dient, die Respectirung des Privatrechts u. s. w. — Alles dies sind aber von den Kulturvölkern der Welt bereits anerkannte Gesetze, deren Befolgung im Ganzen und Grossen ausser Zweifel steht, deren Verletzung, wenn Furcht, Schwäche, Wildheit einmal die Bestie in dem Soldaten oder in den Truppen entfesseln, im bestimmten Falle nur durch das Gesetz der kriegführenden Armee zu ahnden überhaupt möglich ist. Ein internationaler Kodex würde nur der Entschlusskraft Daumschrauben anlegen, ohne im bestimmten Falle das Verfahren eines Führers im Kriege wesentlich anders

---

sogar unter Umständen ein zeitweilig wirkender Eid abgenommen werden kann, nicht ausschliessen, sondern erkennen nur die thatsächliche Nöthigung an, von der Bluntschli Seite 17 ebenfalls spricht.

gestalten zu können, als er es mit dem ersten, vorhin berührten, für ihn bindenden Gesetz seiner Verantwortlichkeit und der Nothwendigkeit vereinbaren kann.*)

Ebenso unrichtig wie die Absicht, die Handlungsweise des Invasionsheeres kodifizirend zu beschränken, erscheint es mir aber, die Theilnahme der Bevölkerung am Kampfe grundsätzlich ausserhalb des Völkerrechts stellen zu wollen.

Es wird vielmehr nur darauf ankommen, in welcher Weise die Theilnahme der Bevölkerung zu Tage tritt, um sie als völkerrechtswidrig, d. h. gegen das sittliche Gefühl verstossend, zu bezeichnen.

Es ist klar, dass die Gesetze der Moral und der Ehre in einem solchen Kampfe eben so gut, wie in den zwischen den regelmässigen Armeen geführten, gewahrt werden müssen.

Hierin wird sich nun die Grenzlinie selten scharf ziehen lassen. So z. B. kann man einen Aufstand in irgend einem Ort im Rücken der Einbruchsarmee und die Ueberwältigung der etwa dort befindlichen Truppen gewiss nicht als unmoralisch brandmarken. Es können sich hierbei aber eine Menge Umstände ergeben, welche in der That unmoralisch und verbrecherisch sind. So z. B. die Niedermetzelung der Einquartierung im Schlafe durch den eigenen Quartierwirth u. s. w.

Hier ist die sofortige Ausführung der Strafe der Mordbrenner und Räuber am Platz.

Der Ueberfall durch bewaffnete Haufen, wenn auch in bürgerlicher Kleidung, auf ruhende Truppen, ist an und für sich gewiss kein unsittlicher Akt, dagegen dürfte sich das Gefühl für das Völkerrechtsbewusstsein und für die Moral, welches in uns leben soll, empören, wenn ein Bauer einen des Weges reitenden Offizier niederschiesst, die Flinte in die Hecke wirft und sodann an seinen Pflug tritt. Man sieht also, dass die Dinge ineinanderlaufen, Gutes und Schlechtes bei solchen Gelegenheiten fast untrennbar ist.

Wenn übrigens Bluntschli die Täuschung durch feindliche

---

*) Hiermit stimmt überein was Bluntschli Seite 13 in seinem „Modernen Kriegsrecht" wenn auch zum Zweck einer Einschränkung der Kriegsgewalt sagt: „So weit die Nothwendigkeit reicht, so weit reicht die Kriegsgewalt."

Uniformen und Feldzeichen für zwar bedenklich, aber bis zum wirklichen Zusammenstoss für erlaubt erachtet (Seite 19 und 20), so kann ich mich hiergegen nur ganz entschieden aussprechen.

Diese gesammten Verhältnisse kann man nicht durch ein international vereinbartes Gesetzbuch regeln und klassificiren.

Es wird daher dabei bleiben, dass die Invasionsheere auf Grund ihrer Machtvollkommenheit und je nach der Lage der Verhältnisse die Schärfe des Schwertes walten lassen, und dass die Bevölkerungen, welche das Schwert erheben, sich andererseits darauf gefasst machen müssen, die Gräuel des Krieges in verschärftem Masse über sich hereinbrechen zu sehen.

Wie weit darin gegangen und wie hierbei verfahren wird, das kann nur das Völkerrecht entscheiden, welches in der Brust civilisirter Völker geschrieben steht.

Mit diesem Bewusstsein soll man sich „nicht beruhigt auf ein Faulbett legen", sondern man soll unablässig bemüht sein, durch Schrift und Wort die Auffassung der Nationen zu klären, die Begriffe über den Krieg zu erweitern. Dann wird der Sinn wahrer Humanität immer mehr erstarken und den Anforderungen des Krieges an unsere militärische Handlungsweise keinen Abbruch thun.

Vorzeitige und unreife Gesetze im Völkerrecht verwirren nur und führen rückläufige Bewegungen herbei, wenn man sich sagen muss: So geht es nicht!

Dies Gefühl wahrer Humanität kann Institutionen gebären, wie z. B. die Uebereinkunft von Genf.

Wenn man diese aber als Muster für weiter gehende Vorschläge betrachten will, so möge man nicht vergessen, dass diese Konvention nur die Seite des Krieges in Betracht zieht, welche eigentlich die einzige nicht kriegerische genannt werden kann.

Dass übrigens auch hierin Missbräuche vorkommen, dass das rothe Kreuz als Deckmantel für andere Bestrebungen gebraucht wurde, ist bekannt und durch den Krieg von 1870/71 vielfach bewiesen. Dennoch ist diese Konvention ein Segen und ein wahrer Fortschritt.

Es mag vielleicht befremden, weshalb wir hier auf die völkerrechtliche Seite der Sache so weit eingegangen sind.

Der kleine Krieg aber bringt viele Führer niederen Grades in die Lage, nach jeder Richtung hin selbstständig handeln zu müssen. Es ist daher nöthig, dass ein solcher Führer, abgesehen von allen anderen, noch zu berührenden Eigenschaften, ein klarer Kopf sei, dass er genau weiss, auf welcher Basis er im Kriege steht, und wie er der Bevölkerung gegenüber verfahren kann, ein Mann, der sich nicht von unnützen Ansprüchen, Klagen und Berufungen auf die oder jene Grundsätze in Verwirrung bringen lässt. Denn das ist ja das Eigenthümliche im Kriege, dass die Handlungsweise so oft durch den Zwang der Lage und durch die seelischen Eindrücke in einer Weise beeinflusst wird, wie sie sich derjenige nicht vorstellen kann, der nie auf dieser brandenden See gefahren ist.

Der kleine Krieg ist, wie Bluntschli in dem mehrerwähnten Buche sehr treffend sagt, seiner Natur nach schwerer in den Schranken des geordneten Kampfes zu halten. Um so geklärter müssen die Anschauungen eines Führers in demselben sein.

Wenn Jemand aber glauben sollte, dass missverstandene Doktrinen, eine falsche Philosophie gar keinen Einfluss auf die Handlungsweise von Mitgliedern eines gut geschulten Offizierkorps haben könnten, den verweise ich auf die Ereignisse von 1806 nach der Schlacht bei Jena.

Es ist erwiesen, dass die philantropische Anschauung, wie sie sich damals in der Erziehung und in den Neigungen der Gebildeten vielfach kundgab, in vielen Fällen die Köpfe selbst höherer Offiziere verwirrt hatte und, neben der Ueberschätzung Napoleonischen Macht, wesentlich zu dem schmachvollen Verhalten beitrug, wie es sich hauptsächlich in der Uebergabe vieler unserer Festungen äusserte.

Die Motive, welche unser Ministerium im Jahre 1874 bei Vorlage des Landsturmgesetzes einbrachte, sprachen auch, abgesehen von dem Aufgebot des Landsturmes, von einem Widerstande der ganzen Bevölkerung im äussersten Falle.

Wenn also der kleine Krieg aus einem solchen Aufstande der Bevölkerung Nutzen ziehen kann, so ist er doch nicht — wie schon oben auseinandergesetzt — mit ihm zu verwechseln; die Erhebung der Bevölkerung und der kleine Krieg können ineinandergreifen, sind aber nicht dieselbe Sache.

Es folgt aus alledem, dass jeder Führer im kleinen Kriege bestrebt sein muss, mit der Bevölkerung des eigenen Landes in engster Verbindung zu bleiben, ja oft die feindliche möglichst für sich zu gewinnen.

Es ist deshalb unumgänglich nothwendig, dass derselbe von der Zusammensetzung der Bevölkerung, ihrer politischen Gesinnung, ihrer Religion, ihren Gewohnheiten und ihrer Sprache möglichst unterrichtet sei.

Wie es denn überhaupt ein grosser Irrthum ist, zu glauben, der Soldat brauche keine politischen Kenntnisse zu haben. Dem höheren selbstständigen Führer sind sie ganz unentbehrlich; sie kommen aber dem Betreffenden bei Erreichung eines solchen Grades nicht sofort und freiwillig angeflogen.

Der zweite Hauptfall des kleinen Krieges ist die Thätigkeit bei einer Invasion in Feindesland.

Hierbei ist wieder vorweg der Fall auszusondern, wenn die Bevölkerung des Landes, welches man betreten hat, ganz oder zum Theil unzufrieden ist, oder wenn dem Führer im kleinen Kriege vielleicht sogar selbst die Aufgabe zufällt, das Land in Aufstand zu versetzen.*) Ist aber die Bevölkerung eine nationale und dem Invasionsheere feindliche, so treten alle diese Kräfte gegen den Parteigänger ins Spiel, die vorhin für ihn wirkten.

Eine nähere Schilderung und Motivirung dieses Satzes ist unnütz. Man kann dieselben bei Valentini, Decker, Brandt und Jomini vielfach lesen und diejenigen, die in Frankreich Patrouillen geritten, einzelne Abtheilungen oder Streifkommandos geführt haben, werden wissen, was darunter zu verstehen ist.

Eine feindliche Bevölkerung ist manchmal eingeschüchtert und muthlos, wie die französische zu Anfang des Krieges 1870, selten aber hält dieser Zustand lange an, und von Ende September 1870 ab begegnete man einer anderen Stimmung.

Die erste Bedingung einer erfolgreichen Thätigkeit im kleinen Kriege ist in Bezug auf die Bevölkerung das Misstrauen. Es ist wunderbar, wie oft dieses kleine Wort uns im Kriege entschwindet, wie oft geschwatzt und geplaudert, wie oft am Kamin

---

*) Landung der Engländer und Royalisten in Quiberon 1794. Einrücken der Piemontesen 1848 in die Lombardei, 1859 verbunden mit den Franzosen. Einrücken von Tschernischeff in Cassel 1813 u. s. w.

und beim Glase Wein der Soldat vergisst, dass er beim Feinde sitzt.

Kann man im eigenen Lande die Bevölkerung für sich wachen lassen, so muss man im feindlichen die Bevölkerung mit bewachen.

Ist Misstrauen am Platz, so würde es andererseits für den Parteigänger unrichtig sein, die Bevölkerung durch ein unnütz brutales oder gar disziplinloses Auftreten aufzuregen und in die Waffen zu bringen.

So lange sich dieselbe ruhig verhält, muss man sich im Gegentheil möglichst gut mit ihr stellen, und wenn man Mittel verfügbar hat, den Klang des Goldes anwenden, Kundschafter erkaufen und vor Allem sich Zeitungen verschaffen.

Alle die Eigenschaften, die der Führer und seine Truppe besitzen sollen, müssen sich verdoppeln in Feindesland. Die Schnelligkeit der Bewegungen, die der Entschlüsse muss in gleichem Masse steigen, als ein längerer Aufenthalt oder eine Zögerung verderblich ist.

Die Streitmittel, mit denen der kleine Krieg geführt werden muss, sind also im eigenen und befreundeten Lande unmittelbare:

Die Truppen;

und mittelbare: die Hülfe der Bevölkerung in der oder jener Form; in Feindesland nur unmittelbare:

Die Truppen.

Wie setzen sich die Truppen für den kleinen Krieg zusammen?

Aus allen drei fechtenden Waffen, ja auch wohl in besonders schwierigen Gegenden sind einige Pioniere zuzutheilen.

Dies ist selbstverständlich nicht so zu verstehen, als ob nothwendig immer Artillerie jedem Streifkorps beigegeben werden müsse. Die Hauptrolle in demselben fällt vielmehr den beiden andern Waffen zu. Leichte Kavallerie mit einem guten Karabiner und wohl geübt im Gefecht zu Fuss ist die am leichtesten zu verwendende Waffe im kleinen Kriege. Die Infanterie wird aber in vielen Landstrichen und zur Lösung vieler Aufgaben nicht zu entbehren sein, ja sogar oft allein und nur unter Beigabe von Ordonnancereitern auftreten.

Leichte Infanterie ist jetzt nur ein Name. Jede Infanterie muss zur Thätigkeit, auch des kleinen Krieges, brauchbar sein. So lange wir aber Jäger haben, muss man darnach streben, diese besonders hierzu zu verwenden, und dies wird mit Erfolg möglich sein, wenn wir sie neben der guten Schiessausbildung zu grösserer Marschfähigkeit ausbilden, als die Masse der Infanterie und ihre Ausrüstung erleichtern, wie ich dies in meiner „Entwickelung der Taktik" vorgeschlagen habe.

Das Formiren besonderer Truppenkörper aus den marschfähigsten Leuten und Pferden für Unternehmungen des kleinen Krieges ist zwar grundsätzlich im Allgemeinen zu verwerfen, wie dies auch schon von Decker geschieht, hat aber in einzelnen Fällen der jüngsten Kriege doch mit Vortheil stattgefunden.

Ich bin der Ansicht, dass das Herausziehen der besten Leute aus einer taktischen Einheit, also z. B. aus der Eskadron, Kompagnie, unter Umständen vielleicht auch einmal aus dem Bataillon, um eine Streifabtheilung daraus zu bilden, doch in einzelnen Fällen nicht zu vermeiden sein wird und auch ohne Schaden dann geschehen kann, wenn die Entsendeten sicher darauf rechnen können, nach kurzer Abwesenheit ihren Truppentheil in denselben Stellungen zu finden.

Ueber die Stärke der zu verwendenden Abtheilungen kann man nur den allgemeinen Grundsatz aufstellen, dass Entsendungen, welche die Hauptarmee oder das zu der entscheidenden Kriegshandlung bestimmte Korps wesentlich schwächen, möglichst vermieden werden müssen. Geschieht dies nicht, würde der kleine Krieg seinen Zweck von vornherein verfehlen.

Unter gut ausgesuchten Offizieren, die einen Begriff vom kleinen Kriege haben, möglichst wenige aber gute Truppen abschicken, dürfte die Hauptregel sein.

Im eigenen Lande wird dies um so möglicher sein, als man sich der Unterstützung der Bevölkerung in den meisten Fällen versichert halten kann. Jedenfalls werden sich immer, selbst bei lauer Stimmung derselben, einzelne Leute finden, welche den Führern der Streifparteien Nachrichten zutragen, ihnen als Kundschafter und unter Umständen als Beobachtungsposten dienen.

Ob die Bevölkerung zum Aufstande aufzurufen oder nicht, ob eine allgemeine oder theilweise Erhebung anzustreben, oder ob sie zu einem Partisankriege auf eigene Faust zu ermuntern sei, darüber wird der Führer eines Streifkorps Anweisungen haben und im Allgemeinen darnach verfahren müssen.

Mag nun aber die Hauptarmee sich im Angriff oder in der Vertheidigung befinden, die Hauptthätigkeit im kleinen Kriege ist immer eine angriffsweise. Sein Element ist die Bewegung, der Wechsel der Marsch- und Verbindungslinien, der Oertlichkeit, der Ziele.

VI.

Beispiele.

Der Ueberfall von Assendrup, 28. März 1864.

Der dänische Krieg von 1864 hat mehrere Kriegshandlungen aufzuweisen, welche man mit Fug und Recht als echte Akte des kleinen Krieges bezeichnen kann.

So der Ueberfall der Insel Fehmarn durch eine Kompagnie des 48. preussischen Regiments; die Unternehmungen des norwegischen Freiwilligenkorps unter dem auf unserer Kriegs-Akademie gebildeten damaligen Kapitain, jetzigen Generalstabschef der schwedischen Armee Raab gegen unsere Kavallerie-Postirungen an der Ostküste vom Sundewitt bis an die jütische Grenze; ebenso einige und nicht durchweg glückliche Zusammenstösse, welche unsere in Jütland auftretende Kavallerie im Februar und März zu bestehen hatte; endlich ist die Thätigkeit gemischter Abtheilungen im Norden von Jütland in der Nähe von Aalborg ebenfalls in diese Kategorie zu zählen.

Von diesen Ereignissen will ich zwei herausheben, das erste ist der Ueberfall von Assendrup am 28. März, das zweite die Gefechte von Lundby und Sönder-Tranders am 3. Juli 1864.

Die allgemeine Lage war Ende März folgende:

In Holstein stand General von Tümpling mit 6 Bataillonen, gewissermassen als strategische Reserve. Das kombinirte preussische Korps befand sich vor Düppel. Ebendaselbst 9 Bataillone der kombinirten Garde-Division. Das österreichische Armee-Korps kantonnirte vor der Festung Friedericia und bei Kolding und hielt jene Festung eingeschlossen. Eine preussische Heeresabtheilung, bestehend aus dem Garde-Husaren-, dem 8. Husaren-, dem 6. Kürassier-Regiment, sowie 3 Garde-Füsilier-Bataillonen mit 2 Batterien unter General Graf Münster stand in und um Veile.

Die Dänen behaupteten mit ihren Hauptkräften die Düppelstellung und die Insel Alsen, hielten Friedericia ausreichend besetzt, und hatten eine Division von damals nur 6 Bataillonen Infanterie, aber ca. 18 Escadrons und 2 Batterien in dem mittleren und nördlichen Theil von Jütland.

Die Gestaltung der jütischen Küsten muss ich im Allgemeinen als wohlbekannt voraussetzen, doch will ich einige Worte über die Beschaffenheit des Landes und die Eigenschaften seiner Bewohner sagen.

Die Ostküste fällt in einer durchschnittlichen Höhe von mehreren hundert Fuss in die See ab. Sie ist mehrfach von Waldungen bedeckt, welche die Beobachtung der Küste erschweren, Landungen kleinerer Abtheilungen aber erleichtern. An der ganzen Ostküste bis zum Limfyord erstrecken sich vielfache Föhrden oder Fyords, manche derselben auf 6 bis 7 Meilen, in das Land hinein. Dieselben sind sämmtlich schiffbar und von wechselnder Breite. Hin und wieder verengt sich der Fyord bis auf 6- bis 700, dann wieder geht er über zu einer Breite von mehreren 1000 Schritten. Die bedeutendsten dieser Fyords sind der Kolding-Fyord, der Veile-, der Horsens-, der Randers-, der Mariager Fyord.

Die Ostküste weist eine bedeutende Halbinselbildung auf; zahlreiche Inseln liegen derselben nahe.

Es ist wohl klar, welche Vortheile eine so gestaltete Küste der Partei gewährt, welche die See beherrscht, da es ganz unmöglich ist, dass eine Invasions-Armee dieselbe in ihrer ganzen Ausdehnung besetzen und beobachten kann, die tief einschneidenden Fyords dem Gegner zudem die Möglichkeit gewähren, überraschend kleine Abtheilungen an den verschiedensten Punkten zu landen.

Dass die Dänen diese ihnen günstigen Umstände damals nur in sehr geringem Maase ausnutzten, ist aus der Geschichte bekannt, es fehlte ihnen dazu nicht nur an Streitkräften, sondern auch die Willenskraft fing den Verbündeten gegenüber an zu sinken, als sie sich nach schweren Misserfolgen von Europa verlassen sahen.

Die Westküste Jütlands ist bedeutend flacher, Dünen und Wattenbildung ist die vorherrschende Charakteristik. Sie kommt für unsere Aufgabe nicht in Betracht.

Das Innere von Jütland ist im Gegensatz zu der fruchtbaren Ostküste der ärmste und unfruchtbarste Theil und ist grösstentheils als ein hügeliges Haideland zu bezeichnen.

Die Uebersicht ist in vielen Gegenden ausserordentlich erschwert. Hat man eine der sehr häufig mit Hünengräbern gekrönten Kuppen erstiegen, so sieht man tiefe Mulden und neue Hügel vor sich, nach deren Besteigung das Auge in derselben Weise beschränkt ist. Grössere Wälder finden sich mehrfach, so z. B. bei Veile, Skanderborg, Silkeborg, nördlich Hobro, bei Mariager.

Eine besondere Eigenthümlichkeit Jütlands bilden aber noch die zahlreichen das Land durchströmenden kleineren Wasserläufe, meist tief und mit sumpfigen Ufern; ferner die vielen Landseen, welche in einigen Gegenden zusammenhängende Ketten bilden, wie z. B. bei Skanderborg, Sylkeborg, Viborg. Sehr bedeutende Sumpfstrecken wechseln mit dem Haidelande ab.

Die viel genannten Schleswiger Knicks hören in Jütland zum grossen Theil auf, zum Theil werden sie bedeutend niedriger und schmaler. Bepflanzt wie die Schleswiger sind dieselben nirgends.

Die Dörfer bestehen grossentheils aus einzelnen Gehöften wie in Westphalen, hin und wieder bilden sie jedoch auch zusammenhängende Komplexe.

So das Land.

Die Bewohner sind ein kräftiger Menschenschlag von ruhigem, ja sogar etwas schwerfälligem Temperament, aber ihrem kleinen Vaterlande mit Leib und Leben ergeben.

Auf Organisirung des bewaffneten Widerstandes der Bevölkerung war sowohl 1848/49 als 1864 mit Recht verzichtet worden, denn, wenn das Land für den kleinen Krieg, besonders mit Rücksicht auf die Küstengestaltung, nicht ungeeignet erscheint, so fehlen ihm dennoch die zur speciellen Begünstigung eines Volkskrieges nothwendigen Eigenschaften, d. h. die Gebirge oder langgestreckten Wälder. Auch muss bei Entzündung eines Volkskrieges stets in Betracht gezogen werden, ob der dadurch im Lande angerichtete grosse Schaden im Verhältniss zu den etwa möglichen Erfolgen steht.

Dagegen war die Hülfe der Bevölkerung für die eigenen Truppen in Bezug auf Nachrichtenwesen und Beobachtung des Feindes im Allgemeinen gut organisirt. Sobald eine Kolonne der deutschen Truppen sich in Bewegung setzte, wurde sie stets von berittenen Bauern von Weitem begleitet, auf welche, da sie mit den Wegen und dem Gelände natürlich besser bekannt waren, gewöhnlich vergeblich von unseren Patrouillen Jagd gemacht wurde. Der Reichthum an Pferden in Jütland und die Leichtigkeit, mit der eine grosse Menge Wagen zusammengebracht wird, erhöhte die Beweglichkeit der Infanterie und die Aussichten für den kleinen Krieg.

Infanterie auf Wagen war im jütischen Feldzuge eine fast stetig wiederkehrende Erscheinung.

Die Aufstellung des Detachements Münster bei Veile war nun Ende März folgendermassen geregelt: (Siehe Skizze I.)

Auf jede der vier Strassen nach Horsens, Skanderborg, Holstebro und Varde war eine Infanterie-Kompagnie vorgeschoben und zwar auf die Entfernung von circa 1 bis $1^{1}/_{2}$ Meile. Dahinter, bezüglich in gleicher Höhe, kantonnirten das Garde-Husaren-Regiment und das 8. Husaren-Regiment. Das erstere hatte seinen Bezirk innerhalb einer Linie, die von Tirsbeck am Veile-Fjord über Assendrup, Bredal, Horstrup nach Greis lief; die des 8. Husaren-Regiments zog sich über Leerbeck, Haralds-Kjär nach Nörre-Vilstrup. Die beiden anderen Bataillone und zwei Batterien lagen in Veile, das 6. Kürassier-Regiment südlich dieser Stadt.

Diese Aufstellung ist eine von denjenigen, welche man in den Perioden eines Krieges zu nehmen geneigt ist, in denen sich Pausen in der grossen Kriegshandlung bemerkbar machen, wenn man den Truppen möglichste Ruhe und Bequemlichkeit gönnen will und sich zudem einem wenig zahlreichen Feinde gegenüber befindet.

Gerade diese Momente sind die wahren für den kleinen Krieg. Es gilt, dem Feinde keine Ruhe zu lassen, ihn zwingen, sich zu konzentriren, und unbequemer aufzustellen, ihn zu ermüden, zu unnützen Märschen zu veranlassen.

Die Dänen versuchten denn auch baldigst, gegen diese Aufstellung, von deren Einzelheiten sie selbstverständlich genaue Berichte der Einwohner erhalten hatten, einen Handstreich.

Am 27. Abends schifften sich in Friedericia*) je 100 Mann vom 19. und 20. dänischen Regiment auf zwei Transportdampfern ein, die von einem kleinen Kriegsdampfer begleitet waren.

Der Streich sollte gegen das Dorf Assendrup geführt werden, von dessen Besetzung die Dänen ebenfalls genau unterrichtet waren. Es kantonnirten daselbst 1 Offizier, 70 Husaren vom Garde-Husaren-Regiment. Der Offizier sandte bei Tage Patrouillen bis Örum und längst des Veile-Fjords vor, bei Nacht beschränkten sich die Sicherheitsmassregeln auf Aussetzung einer Wache von 8 Mann, Barrikadirung der Eingänge des sehr weitläufig gebauten Dorfes, und Aufstellung zweier Posten zu Fuss auf etwa 100 Schritt vor dem Dorfe.

Das kleine dänische Geschwader legte noch in aller Frühe bei Rosenvold, woselbst die Küste von dichten Buchenwaldungen bedeckt ist, an und landete die Abtheilung. Dieselbe marschirte, unter Zurücklassung von 50 Mann bei den Schiffen — also in der Stärke von 150 Mann — in eins der nächstgelegenen Dörfer, wahrscheinlich Stouby, wo sie sich in die Gehöfte und Scheunen legte, sich vollständig versteckte und einigen vor dem Dorfe sich aufhaltenden Bauern die Beobachtung etwaiger preussischer Patrouillen überliess. Am Nachmittag brachen sie auf Wagen in der Richtung auf Veile auf. In Daugaard entliessen sie dieselben und brachten sich in den Gehöften ebenfalls unter, sicherten sich aber diesmal bei eingebrochener Dunkelheit durch einige Posten.

Die bis Assendrup zurückzulegende Strecke betrug ohngefähr noch eine Meile. Keine preussische Patrouille hatte bis jetzt das geringste von dem Marsche der Dänen bemerkt. Die dänische Abtheilung brach nach Mitternacht aus ihrem Versteck auf und gelangte, fest geschlossen und von Landeseinwohnern geführt, auf Fusspfaden neben den Wegen marschirend, bis auf etwa 200 Schritt an den östlichen Ausgang von Assendrup heran. In diesem

---

*) Friedericia liegt in gerader Richtung zwei deutsche Meilen südlich des Punktes Rosenvold, also getrennt durch den Veile-Fjord, hart an der Küste, der äussersten Nordspitze von Fühnen gegenüber.

Moment setzten sie sich in Laufschritt, der preussische Posten gab Feuer, die Wache wurde jedoch sofort übermannt, und die drei nächsten Gehöfte umringt. Die Husaren vertheidigten sich durch Karabinerfeuer aus Fenstern und Thüren, wurden jedoch überwältigt und 24 Mann nebst 25 Pferden gefangen. Die ganze Sache dauerte sechs Minuten.

Die Dänen begnügten sich mit diesem Erfolge und traten mit ihrer Beute sofort den Rückzug in der Richtung auf Rosenvold an, wo sie ungehindert an Bord ihrer Schiffe gingen.

Meine Betrachtungen über diesen Vorfall sind kurz:

Die Aufstellung der Division war eine weit ausgedehnte, für die Bequemlichkeit der Truppen berechnete. Solche Aufstellungen sind manchmal durchaus angemessen und nothwendig für die Erholung der Truppen nach sehr anstrengenden Marsch-Biwaks- oder Gefechtstagen. Die Anstrengungen der Truppen waren aber im Allgemeinen mässige gewesen; man konnte sich auch genügend in engeren Quartieren erholen. Wollte man nun aber der Bequemlichkeit halber die Truppen weiter auseinanderlegen, musste man um so grössere Vorsichtsmaassregeln treffen. Hierdurch geht im Uebrigen wieder andererseits ein Theil der Ruhe den Leuten und Pferden verloren, die man ihnen gerade verschaffen will.

Die in diesem Falle getroffenen Sicherheitsmaassregeln im Einzelnen betrachtet, so wäre es angemessen gewesen, vor den die Hauptstrassen festhaltenden Infanterie-Kompagnien noch Kavallerie-Abtheilungen weiter vorzutreiben und die ersteren, zum Mindesten bei Tage, nur als Unterstützungen für die Kavallerie zu betrachten.

Diese Kompagnien auf den Hauptstrassen waren aber nicht im Stande, Entsendungen zu machen, um die verschiedenen einzelnen Kantonnirungen der Kavallerie zu decken. In allen solchen Lagen haben sich die Besatzungen selbst zu sichern, wobei sie in möglichster Uebereinstimmung mit ihren Nebenkantonnirungen handeln müssen. Diese Uebereinstimmung wird bei längerem Verweilen in einer Gegend unschwer herbeizuführen und durch höhere Befehle zu regeln sein, ohne dass man deshalb stets zu einem Kräfte verzehrenden, regelmässigen Vorpostensystem überzugehen braucht.

Der östliche und nordöstliche Theil jener von dem Detachement Münster eingenommenen Stellung war offenbar der gefährdetste. Die stark besetzte Festung Friedericia sowohl als auch die dänischen Streitkräfte im Norden konnten dorthin unmittelbar Entsendungen machen, es war daher erhöhte Aufmerksamkeit geboten. Die Küste insbesondere musste bis Rosenvold durch einen gut eingerichteten Patrouillengang fortwährend abgesucht werden, um Landungen möglichst bald zu entdecken.

Die Thatsache, dass Ausschiffung und Marsch der dänischen Abtheilung ganz unentdeckt blieben, lässt darauf schliessen, dass der Patrouillengang bei Tage schon nicht ausgedehnt genug betrieben war, derselbe hörte aber zur Nacht ganz auf.

Die in solchen Kantonnirungen liegende Kavallerie darf sich aber nicht damit begnügen, bei Tage zu patrouilliren und bei Nacht sich zu barrikadiren, sondern es müssen sowohl Nachts auf den Wegen Patrouillen geritten, als auch Kosakenposten ausserhalb der Dörfer ausgestellt werden, um durch rechtzeitige Meldungen die Besatzung zu den Waffen und an die Pferde zu rufen. In diesem Falle wird denn auch die Wache zu Fuss am Eingang gute Dienste leisten und im Stande sein, den ersten Anlauf des Feindes aufzuhalten oder zu brechen.

Der Streich der Dänen ist als sehr gut angelegt und durchgeführt zu bezeichnen. Man landet in der Nacht — sodann marschirt man in's Land hinein, verbirgt sich in Scheunen und Gehöften, bleibt in voller Bereitschaft, klebt aber nicht am Vorpostenschema, sondern überlässt diesen Dienst den patriotischen Landeseinwohnern und wahrscheinlich irgend einem vortheilhaft postirten Offizier.

Man muss dies Verfahren als ganz besonders charakteristisch für den Sicherheitsdienst im befreundeten Lande betrachten, denn das Haupterforderniss eines solchen Unternehmens bleibt die Kunst, bis zum entscheidenden Moment sich verborgen zu halten.

Der Anmarsch zum Angriff selbst erfolgt still, entschlossen, der Streich ist schnell abgemacht und wird schnell abgebrochen. Eine weitere Fortsetzung hätte an den anderen Gehöften zu lebhaften Kämpfen geführt, wahrscheinlich Opfer gekostet und vielleicht durch den Verzug den Rückzug gefährdet. So finden wir in dieser dänischen Unternehmung alle Merkmale des kleinen Krieges mustergültig vereinigt.

Was war nun aber das weitere Ergebniss? Nicht nur die

Gefangennahme von 24 Mann und die Erbeutung von 25 Pferden. Die preussischen Truppen in Veile wurden in engere Kantonnirungen gelegt, die Vorposten verstärkt. Ein österreichisches Bataillon der Brigade Dormus wurde sofort nach Veile entsendet, wohin am 31. die ganze Brigade folgte. Allerdings giebt man als Grund dieser Veränderung die zu dieser Zeit erfolgte Beobachtung eines regeren Schiffsverkehrs an der Küste in der Richtung nach Norden an, woraus man auf eine Verstärkung der dänischen Division in Jütland schliessen konnte, jedenfalls aber hat diese Unternehmung der Dänen, und ein am 30. erfolgtes kleines nachtheiliges Gefecht der 8. Husaren auf den Entschluss hierzu nicht unbedeutend eingewirkt.

Setzen sich nun solche Unternehmungen mit Glück von einer Seite längere Zeit hindurch fort, so wird nicht geleugnet werden können, dass dies nachtheilig auf den Geist der Gegenpartei wirken muss. Davon konnte freilich nun hier keine Rede sein, weil die Ueberlegenheit der Verbündeten bereits festgestellt war und durch neue Verstärkungen der preussisch-österreichischen Truppen, sowie durch die Eroberung von Düppel die ganze Kriegslage geändert, und die schnelle Besetzung von Jütland mit Friedericia eingeleitet wurde.

Die Gefechte von Lundby und Sönder-Tranders am 3. Juli 1864.

Die Episode des kleinen Krieges, welche ich nunmehr beabsichtige, vor Augen zu führen, hatte folgende Grundlage:

Ein preussisches Armeekorps, bestehend aus der kombinirten Garde-Division,

der 21. Infanterie-Brigade (10. und 50. Regiment);

einer kombinirten Infanterie-Brigade (18. und 52. Regiment);

der kombinirten Kavallerie-Brigade (Husaren No. 8, Kürassier-Regiment No. 6);

dem Garde-Husaren-Regiment;

dem Dragoner-Regiment No. 7;

6 Batterien;

dem Pionier-Bataillon Nr. 7, versehen mit einem grossen Pontontrain, sowie mehreren starken, besonders organisirten Bootskolonnen, welche man im nördlichen Theil von Jütland zusammengebracht hatte, sollte den Limfjord bei Aalborg überschreiten und auch den nördlichsten Theil von Jütland, das Vendissel, besetzen.

Eine österreichische Heeresabtheilung von allen Waffen sollte den Uebergang bei Skive nach der Insel Mors ausführen.

Nach Aufkündigung der Waffenruhe stand die Avantgarde des preussischen Korps Ende Juni in Hobro und am Mariager-Fjord. Die übrigen Truppen von Randers bis Hobro echellonirt.

Von den nördlich des Limfyord, also in Vendyssel, stehenden dänischen Truppen war nur bekannt, dass mit Aufhören der Waffenruhe wieder Abtheilungen über den Limfyord gegangen und südlich desselben Stellung genommen hätten. — Zugleich aber schloss man aus lebhaftem Schiffsverkehr von Nord nach Süd, dass die Dänen Truppen aus dem Norden Jütlands nach Fühnen überführten.

Die Bewegung gegen den Limfyord sollte nicht vor dem 8. Juli beginnen, da die hierzu zu formirenden Bootskolonnen noch nicht ganz fertig waren. Es erschien wichtig, über die Stärke der von den Dänen südlich des Limfyord vorgeschobenen Truppen in's Klare zu kommen.

Zu diesem Behufe wurde das Vorgehen dreier Abtheilungen angeordnet, und zwar sollte die erste derselben, bestehend aus der

    1. und 2. Kompagnie des 50. Infanterie-Regiments und der 5. Eskadron des Husaren-Regiments No. 8,

unter dem Major von Krug vom Husaren-Regiment No. 8, auf der Strasse Hobro-Lindenborg, sogenannte alte Aalborger Strasse;

die zweite: zusammengesetzt aus

    2 Kompagnien des 10. Grenadier-Regiments, 40 Kürassieren, unter dem Hauptmann von Dyhern auf der neuen Strasse Hobro-Aalborg;

die dritte:

    2 Kompagnien des 10. Grenadier-Regiments, 1 Eskadron Kürassiere auf der Strasse Hobro-Logstör

gegen den Limfyord vorgehen.

Diese Streifparteien hatten den Befehl, am 3. Juli den Fjord zu erreichen und am 4. und 5. zurückzukehren. Die Infanterie-Kompagnien waren aus den marschfähigsten Leuten zusammengesetzt und rückten nur mit 18 Rotten per Zug aus. Eine Anzahl Wagen war jeder Abtheilung zugetheilt.

Die Terrainstrecke, welche durch den Mariagerfjord südlich und den Limfyord nördlich, die Strasse Hobro-Aalborg westlich und das Kattegat östlich begrenzt ist, hat folgende Beschaffenheit:

Der Mariagerfjord erstreckt sich vom Kattegatt 5 deutsche Meilen weit in direkt westlicher Richtung bis an das Städtchen Hobro. Seine Ufer fallen einige 100 Fuss hoch zur Wasserfläche ab; die in anmuthigen Formen wechselnden Hügel sind theils mit Haidekraut, theils mit Buchenwaldung bedeckt. Die Breite schwankt zwischen 6000 und 4 bis 500 Schritt. Der Limfyord, dessen Ufer von stark wechselnden Höhenverhältnissen sind, trennt bekanntlich das Vendyssel vollständig von dem übrigen Jütland. Seine Breite schwankt zwischen zwei deutschen Meilen und 1200 Schritt. Den Landstrich, welchen die grosse von Hobro nach Aalborg führende Strasse durchläuft, ist mit Ausnahme des Rolder Waldes als ein hügeliges Haideland zu bezeichnen, von der Beschaffenheit, wie wir es schon oben geschildert haben, durchschnitten von zahlreichen Seen, Torfstichen und Sümpfen in den Thalmulden. Angebaute Stellen finden sich wenige. Die Anzahl der Dörfer ist verhältnissmässig gering. Siehe Skizze II.

Denselben Charakter trägt das Land längs der alten Aalborger Strasse bis zur Lille-Vild-Mose. Diese nur auf wenigen Wegen passirbare Sumpf- und Moorgegend erstreckt sich bis an die Dünen des Kattegatt, dessen Küste hier einen von der sonstigen Ostküste Jütlands abweichenden Charakter trägt.

Der bedeutendste Wasserlauf ist die tief eingeschnittene sumpfige Lindenborg-Aa, welche bei Gravlev die neue Strasse durchschneidet, dann bei Lindenborg sich nordwärts wendet und in den Limfyord fällt.

Bemerkt muss werden, dass die heute Jütland der Länge nach durchschneidende Eisenbahn, welche auf einer festen Brücke bei Aalborg über den Limfyord führt, damals nicht existirte.

Die Streifparteien marschirten am 1. Juli um 8 Uhr Morgens von Hobro ab.

Die linke Flügelabtheilung ist für den Verfolg der Gefechte ganz ohne Bedeutung, da die Strasse Hobro-Logstör sofort in nordwestliche Richtung führt, das Detachement am 3. ohne Widerstand Logstör am Limfyord besetzte und am 5. wieder in Hobro eintraf.

Die mittlere Abtheilung, deren Verbindung durch Kavallerie-Patrouillen mit der des Major von Krug auf die Entfernung von 1 bis 2 Meilen fortwährend zu ermöglichen war, übernachtete in Gravlev und stiess am nächsten Tage um 11 Uhr Vormittags südlich des Dorfes Ellitshoi auf eine kleine dänische Abtheilung von 27 Dragonern und einigen Infanteristen auf Wagen unter Lieutenant Christensen. Dieselbe war ebenfalls behufs Rekognoszirung im Vormarsch begriffen, kehrte nach einigen mit der Kürassierspitze gewechselten Schüssen um und stellte sich bei Ellitshoi auf, gegen welches die preussische Kolonne nun vorging. Schon beim Vorgehen der Abtheilung gegen dieselbe gab es Schwankungen, Aufenthalt aller Art, sämmtlich durch fortwährend wechselnde Befehle des Detachementsführers hervorgerufen. Die Kürassier-Patrouillen brachten Meldungen, dass sich in dem unübersichtlichen Hügellande rechts und links der Strasse feindliche Kolonnen zeigten. — Man hatte einige Torfstiche für dieselben angesehen. — Als sich endlich die Infanterie in Bewegung setzte und die Höhe bei dem Gehöft Ellitshoi erreichte, hatte die kleine dänische Abtheilung das Dorf bereits geräumt und sich nach Swenstrup, später bis dicht an die Thore von Aalborg zurückgezogen.

Die Abtheilung legte sich in das Dorf Ellitshoi. Da nun Nachmittags abermals Meldungen der Kavallerie-Patrouillen über das Erscheinen dänischer Truppen in den Flanken derselben einliefen — welche sämmtlich, wie die früheren, auf optischen Täuschungen beruhten — da ferner über den Vormarsch der Abtheilung Krug an demselben Tage noch keine Meldung eingelaufen war, so fasste der Führer den Entschluss, unter Aufgabe seines Auftrages nach Gravlev zurückzugehen, womit seine Thätigkeit endete.

Die östliche Streifpartei hatte am 1. Juli Store Bröndum erreicht und daselbst die Nacht zugebracht.

Am 2. ging das Streifkorps bei Lindenborg über die Lindenborg-Aa. An diesem Uebergange wurde der Hauptmann von Wulknitz mit 2 Zügen der 2. Kompagnie und 6 Husaren zurückgelassen; mit dem Rest marschirte der Major von Krug, von der Strasse nach Aalborg abbiegend, nach Louisendaal. Hierselbst blieb er mit der Abtheilung in Allarmquartieren bis Abends 8 Uhr stehen und liess gegen Lundby und Lindenborg streifen. Durch Landeseinwohner erfuhr man, dass bei Sönder-Tranders 2 Kompagnien und 1 Eskadron dänischer Dragoner stehen sollten. Von Louisendaal aus ging eine Mittheilung über die Sachlage an den Hauptmann von Dyhern ab. Um 8 Uhr Abends brach Major von Krug wieder auf und marschirte nach Gunderup an der Aalborger Strasse, woselbst er sich mit dem gesammten Detachement in einen grossen Pfarrhof legte.

Hier ging nun um 10 Uhr Abends eine Meldung von dem Führer der mittleren Partei ein, in welcher er sein Zurückgehen bis Gravlev mittheilte und, wie oben auseinandergesetzt, begründete.

Trotz der Blossstellung seiner linken Flanke fasste der Major von Krug den Entschluss, am nächsten Morgen bis Sönder-Tranders vorzustossen.

Das Gepäck der Mannschaft sendete er, auf dem grössten Theil der Wagen verladen, um Mitternacht nach Lindenborg zurück.

Um $2^1/_2$ Uhr Morgens ging die Streifpartei weiter auf der Aalborger Strasse vor und traf etwa um $3^1/_2$ Uhr in Lundby ein. Siehe Skizze III.

Dieser wie alle jütischen Dörfer ziemlich weitläufig gebaute Ort liegt in einem kleinen, im Norden von steil aufsteigenden, im Süden von einer allmälig abfallenden Kuppe begrenzten Thale, welches sich, wie die Skizze III angiebt, nach Nord und Süd abbiegend, verzweigt, so dass die Höhe nördlich Lundby nach Nord, Süd und West unmittelbar von demselben begrenzt ist, und man daher das Thal sowohl südlich als nördlich Lundby zu durchschreiten hat, um auf dieselbe zu gelangen. Man kann daher die Gegend von Lundby als einen Punkt bezeichnen, dessen Besitz unter den obwaltenden Umständen von Wichtigkeit werden konnte.

Major von Krug beschloss hier abermals eine Abtheilung seiner Streifpartei zurückzulassen, und bestimmte hierzu den grössten Theil der ihm nach Entsendung des Hauptmann von Wülknitz noch verbliebenen Infanterie, nämlich $2^1/_2$ Zug der ersten Kompagnie und den nichtentsendeten Zug der zweiten Kompagnie unter

Lieutenant von Wissel, was eine Stärke von 5 Offizieren 124 Mann ausmachte.

Mit der Schwadron, welche nach Abzug einiger Patrouillen, der Ordonnanzen beim Hauptmann von Wülknitz u. s. w. noch 3 Züge stark war, und 20 Mann Infanterie, $^1/_2$ Zug 1. Kompagnie auf Wagen unter Premierlieutenant von Klinkowström, marschirte er sofort nach Sönder-Tranders vor.

Der wahre Sachverhalt auf dänischer Seite war nun folgender:

Die Dänen hatten in der That nach Aufkündigung der Waffenruhe begonnen, Vendyssel zu räumen. Das in Vendyssel stehende nordjütische Korps war um diese Zeit schon grösstentheils nach Fühnen übergeführt worden. Es war nur eine schwache Abtheilung und zwar:

Das 1. Infanterie-Regiment; das 2. Dragoner-Regiment; $^1/_2$ Batterie der 7. Batterie, die 3. Ingenieur-Kompagnie, zurückgeblieben.

Ueber diese Truppen erhielt Oberst Beck, Kommandeur des 1. dänischen Regiments, den Befehl.

Diese kleine Streitmacht hatte die Anweisung, sich nördlich des Limfyord möglichst zu behaupten, den Uebergang geringerer Kräfte zu hindern, nach Umständen auch südlich des Limfyord angriffsweise aufzutreten, um einzelne preussische Abtheilungen zurückzuwerfen und so das Land vor Zwangslieferungen zu schützen.

Die südlich des Limfyord stehenden dänischen Streitkräfte waren von geringer Stärke.

Aalborg[*]) war, als die Preussen dasselbe mit dem Aufhören der Waffenruhe behufs engerer Konzentrirung verliessen, von $^1/_2$ Kompagnie Infanterie und 16 Dragonern besetzt worden, welche ihre Patrouillen weiter nach Süden vortrieben.

Als nun am 2. Juli Nachmittags die Meldungen über den Vormarsch der mittleren preussischen Abtheilung eingingen, fasste der in

---

[*]) Aalborg ist eine sehr hübsche Stadt mit bedeutendem Handel von ca. 14,000 Einwohnern, dicht am Limfyord gelegen. Gerade ihr gegenüber liegt das Städtchen Nörre-Sundby. Der Verkehr wurde damals auch im Frieden nur durch Fährboote bewerkstelligt.

Nörre-Sundby sich befindende Oberst den Entschluss, einen Handstreich gegen dieselbe auszuführen und liess daher Abends 8 Uhr die 5. Kompagnie des 1. Regiments in der Stärke von 3 Offizieren, 184 Mann nebst 16 Dragoner über den Limfyord setzen. Er selbst mit einigen freiwillig an dem Streifzuge theilnehmenden Offizieren begleitete diese Truppen. Skizze II.

Schon in Svenstrup erhielt man die Nachricht von den Einwohnern, dass die preussische Streifpartei auf Gravlev zurückgegangen sei, setzte aber nichtsdestoweniger den Marsch nach Ellitshoi fort, wo die Dänen um 11$\frac{1}{2}$ Uhr Nachts anlangten und das Dorf in der That vom Feinde verlassen fanden. Durch Landeseinwohner von dem Vorgehen der preussischen Abtheilung auf der alten Strasse unterrichtet, beschloss Oberst Beck, derselben in den Rücken zu gehen, und marschirte demgemäss, durch Bauern geführt, auf einem Landwege über Miels nach Gunderup. Hier, um 3$\frac{1}{2}$ Uhr Morgens eingetroffen, fand er den Ort ebenfalls verlassen, erfuhr jedoch, dass die preussischen Truppen vor einer halben Stunde in nördlicher Richtung abmarschirt seien. Er folgte denselben sogleich auf Lundby und traf auf der Höhe mit dem Hünengrabe etwa um 4$\frac{1}{2}$ Uhr Morgens nach einer Nachtmarschleistung von etwa 4 Meilen ein.

Hauptmann von Schlutterbach hatte an dem Abhange nördlich des Dorfes Lundby die Gewehre zusammensetzen lassen, einen Posten ausgestellt und war selbst die Höhe hinaufgeritten, von wo er um 4$\frac{1}{2}$ Uhr einige Reiter auf der Höhe am Hünengrabe bemerkte. (Skizze III.) Es waren dies der Oberst Beck selbst mit seinem Adjutanten und einigen Dragonern.

Hauptmann von Schlutterbach schickte einen seiner beiden Husaren zurück, um diese Reiter zu rekognosziren. Derselbe erkannte, nachdem er halbwegs die südliche Höhe hinaufgeritten war, den Feind und signalisirte denselben durch einen Schuss.

Die Mannschaft eilte ohne Kommando an die Gewehre. Hauptmann von Schlutterbach liess Kehrt machen und im Laufschritt durch das Dorf zurückgehen, um den Feind nicht in dasselbe hineinkommen zu lassen.

Südlich des Weges Saederup-Skovstrup liegen einige vereinzelte kleinere Häuser. An dem letzten, ganz nahe der Strasse gelegenen Hause liess er die Züge der Lieutenants Seeling und

von Wissel II ausschwärmen. Der Garten des Häuschens ist von einem sich in südwestlicher Richtung verlängernden Knick von etwa 2—3 Fuss Höhe eingefasst, welcher von den beiden Zügen — zusammen 70 Mann — sofort besetzt wurde. (A.) Ein Unterstützungstrupp von 48 Mann wurde hinter einem kleinen, etwa 70 Schritt rückwärts gelegenen Hause aufgestellt. (A.)
Ein kleiner Park von etwa 20 Wagen war südlich des Dorfes aufgefahren. (B.) Gleich nachdem die dänische Kolonne auf der Höhe am Hünengrabe eingetroffen war, befahl Oberst Beck den Bajonettangriff auf die Stellung der Preussen. Von einer Benutzung der sich östlich und westlich des Weges auf die Flanken des Feindes hinziehenden Schluchten wurde gänzlich Abstand genommen.

Der Abstand vom Feinde betrug nach dänischen Berichten etwa 700 Schritt. Die dänische Kompagnie ging nunmehr unter Kommando ihres Kapitains Hammerich in der tiefen Halbzug-Kolonne mit einigen Schützen im Sturmschritt und später im Laufschritt zum Angriff vor.

Der Verlauf des Gefechtes ist ziemlich bekannt, und wir können kurz sein. Hauptmann von Schlutterbach liess den in seinem Rücken so plötzlich erschienenen Feind bis auf 200 Schritt herankommen. Erst dann liess er das Feuer beginnen. Dasselbe wurde von den mit gespanntem Gewehr im Anschlag an dem Knick liegenden oder knieenden Leuten salvenartig abgegeben (Schwarmsalven würden wir jetzt sagen); auch das zweite Feuer war salvenartig; das dritte, schon auf 125 Schritt abgegeben, ging in ein lebhaftes Schnellfeuer über. Der preussische Unterstützungstrupp rückte während dieser Zeit im Laufschritt bis hinter das Haus vor, vor welchem die Feuerlinie lag.

Die dänische Kolonne war mit anerkennenswerther Tapferkeit bis auf diese Entfernung herangekommen; jetzt aber stob sie auseinander, nur einzelne kleine Trupps gingen noch weiter vor, kamen jedoch auch bald zum Stehen. Die Mannschaften warfen sich in dem vor dem Knick befindlichen Haferfelde nieder, und es begann nun ein gegenseitiges Feuergefecht, in welchem die Preussen sich in dem entschiedensten Vortheil befanden. Zu spät versuchte eine kleine dänische Abtheilung, die östlich des Weges sich hinziehende Schlucht zu gewinnen. Hauptmann von

Schlutterbach warf eine Section über die Strasse herüber und diese vernichtete, den Wagenpark als Deckung benutzend, die dänische Flankirungsabtheilung fast vollständig. (B. B.) Nach etwa 15 Minuten ging die führerlos gewordene dänische Kompagnie in voller Flucht hinter die deckende Höhe, von welcher Oberst Beck das Gefecht beobachtet hatte, zurück. Ihr Verlust betrug 3 Offiziere 98 Mann an Todten und Verwundeten, ausserdem 12 unverwundete Gefangene. Der Verlust der Preussen betrug 3 Verwundete und einen vor dem Gefecht von den Dänen gemachten Gefangenen.

Der Rest der dänischen Kompagnie sammelte sich unter einem Kommandirsergeanten hinter dem Hügel und trat sofort, ohne verfolgt zu werden, den Rückzug über Oppelstrup, Növling, Gug (Skizze II) nach Aalborg an.

Wir müssen nun zu dem vom Major von Krug persönlich geleiteten Unternehmen: dem Vorstoss gegen Sönder-Tranders, zurückkehren. (Skizze II.)

Die Schwadron und die 20 Musketiere auf Wagen, stiessen, in schneller Gangart vorgehend, auf eine feindliche Infanterie-Abtheilung von 1 Offizier, Lieutenant Christensen, und 20 Mann nebst einigen Dragonern. Diese Abtheilung war von dem in Aalborg befehligenden Offizier um 1 Uhr Nachts auf der alten Strasse nach Hobro südwärts vorgeschoben worden und hatte sich Anfangs nördlich Sönder-Tranders aufgestellt.*) (Skizze II.)

Als nun die preussische Spitze in ihrem Vorgehen auf das Dorf sichtbar wurde, beschloss der dänische Offizier, über Sönder-Tranders in südlicher Richtung über dasselbe hinauszugehen, angeblich, um das Abschneiden einer vorgesandten kleinen Patrouille zu verhindern. Durch das rasche Vorrücken der preussischen Reiterei bald zur Umkehr bewogen, ging die dänische Abtheilung durch Sönder-Tranders zurück und nahm in einem ziemlich steil aufsteigenden Hügelgelände, einige hundert Schritte nordwestlich des Dorfes, bei dem Gehöft Hedegaarde Stellung.

*) Derselbe Offizier hatte der mittleren preussischen Partei bei Ellitshöi gegenüber gestanden.

Die aus dem Dorfe debouchirende Schwadron erhielt Feuer, blieb halten und wartete das Herankommen der 20 Mann auf Wagen ab.

Diese gingen tiraillirend gegen den Feind vor und trieben ihn von Hügel zu Hügel bis an die sich gegen Aalborg erstreckende Ebene, während die Schwadron die kleine dänische Abtheilung in der rechten Flanke umging. Am letzten Knick auf der Höhe noch einmal Front machend, wurden die Dänen in der Flanke von den Husaren, in der Front von der Infanterie-Abtheilung angegriffen und genöthigt, die Waffen zu strecken. Nur die Dragoner entkamen.

Der dänische Verlust bestand in 2 Todten, 6 Verwundeten, 1 Offizier, 2 Korporale und 10 Mann an Gefangenen. Die Preussen hatten 2 Todte.

Es konnte sich nun um ein weiteres Vorgehen gegen Aalborg handeln, ein schnelles Heranprellen an diese Stadt hätte, wie die Dinge thatsächlich standen, vielleicht mit der Gefangennahme sämmtlicher südlich des Limfyord stehenden dänischen Abtheilungen geendet, — indess blieb dem Major von Krug nicht Zeit, einen derartigen Entschluss zu fassen, denn die bei dem Hauptmann von Schlutterbach in Lundby zurückgebliebene Husaren-Ordonnanz brachte ihm die Meldung, dass derselbe im Rücken von einer feindlichen Schwadron bedroht sei. Mit dieser Schwadron war der auf der Höhe südlich Lundby vor dem Gefecht gesehene Reitertrupp gemeint.

Auf diese Meldung hin liess Major von Krug die Infanterie mit den Gefangenen sofort die Wagen besteigen und kehrte in scharfem Trabe nach Lundby zurück, wo er ein von Todten und Verwundeten besäetes Gefechtsfeld antraf.

Er beschloss nunmehr den sofortigen Rückmarsch nach Hobro, wo er, nach einem Halt in Lindenborg und aufgenommen von einer Kompagnie des 50. Regiments in Astrup, südlich Store Bröndum, mit den Gefangenen und Verwundeten um 7 Uhr Abends eintraf.

Betrachtungen.

Die soeben beschriebenen Gefechte gehören ohne Zweifel voll und ganz dem kleinen Kriege an.

Drei Abtheilungen von je 2 Kompagnien mit entsprechender Kavallerie werden auf 6 bis 7 Meilen über die Avantgarde hinausgeschoben. Ihr Zweck ist die Rekognoscirung; sie sind sich selbst überlassen; ihr Auftreten und ihre Handlungsweise müssen durchaus selbstständig sein. Die Wirkung auf Flanke und Rücken des Feindes blieb allerdings ausgeschlossen, was in der geographischen Beschaffenheit des Schauplatzes begründet war.

Der Gegner tritt zweien dieser Abtheilungen gleichfalls mit Entsendungen ähnlicher Beschaffenheit entgegen, deren unmittelbare Unterstützung mannigfachen Schwierigkeiten unterliegt.

Die Anweisungen, welche die preussischen Streifparteien von dem sie entsendenden Kommando erhielten, hatten in Anbetracht dieser Verhältnisse etwas zu Bindendes. Solchen Streifparteien genaue Zeitbestimmungen geben, wann und wie sie ihre Aufgabe erfüllen sollen, ist immer bedenklich und kann von manchem kühnen Streich abhalten.

Die Zusammensetzung aus Infanterie und Kavallerie erscheint angesichts der Beschaffenheit des Geländes auch nach jetzigen Grundsätzen durchaus geboten. Nur ist es unverständlich, weshalb die mittlere Kolonne nur 40 Kürassiere und nicht eine volle Eskadron erhielt. Ein Grund dafür lässt sich absolut nicht auffinden. Das Heraussuchen der marschfähigsten Leute der Infanterie kann hier praktisch erscheinen, da der Rest ruhig in seinen Quartieren verblieb, und eine Bewegung des Ganzen nach der allgemeinen Kriegslage nicht erwartet werden konnte.

Den Streifzug der mittleren Kolonne mit ihrem negativen Ergebniss kann man einer theoretischen Betrachtung kaum unterwerfen. Man müsste sich zu sehr in die inneren Momente vertiefen, welche die Handlungsweise des Führers beeinflussten. Jedenfalls ist es aber nicht schädlich, nach den vielen ruhmreichen und grossen Tagen, welche unsere Feldzüge von 1864 bis 1871 aufweisen, auch einmal den Blick auf ein derartiges kleines Begebniss zu heften, um so mehr, als wir uns doch darüber keine Illusionen machen dürfen, dass es uns an einer kritischen Geschichtsschreibung unserer Feldzüge im Ganzen bis jetzt fast gänzlich fehlt, da dieselbe noch zu stark von persönlichen Rücksichten angefüllt erscheint.

Vor Allem tritt uns aus diesem Streifzuge die Lehre entgegen, dass die Wahl des Führers zu einem dergleichen Unternehmen eine sorgfältige sein muss.

Die schon an und für sich obwaltende Unsicherheit wurde vermehrt durch die Art und Weise, wie die beigegebene Kavallerie die Patrouillen ritt und vor Allem den Meldedienst versah.

Nicht wirkliche Meldungen, sondern Ausgeburten der Phantasie wurden dem Führer als solche überbracht und trugen nicht wenig dazu bei, ihn zu dem Entschluss des Rückzuges und zu dem Verzicht der Lösung seiner Aufgabe zu bewegen.

So gewährt dieser misslungene Zug die überaus eindringliche Lehre, welche ungeheure Bedeutung der Meldedienst der Kavallerie hat, wie von seiner Ausübung nicht nur der Erfolg, sondern auch oft die Ehre abhängen kann.

In Betracht zu ziehen ist bei dem Verhalten des Führers der Mangel an Kriegserfahrung; derjenige, welcher sich schon in ähnlichen Lagen befunden hätte, würde ganz anders gehandelt haben, auch wenn er an Auffassung und Verstand ein mittelmässig veranlagter Mann gewesen wäre. Eine lange Friedenszeit aber lässt häufig den Maassstab für das, was man wagen und nicht wagen, was man thun und nicht thun kann, für gewöhnliche Menschen verloren gehen. Lassen wir daher das Element der Kühnheit nicht untergehen, pflegen wir es auch bei unseren Uebungen, so weit es vereinbar ist mit den Friedensverhältnissen. Ein in solchem Geist erzogener Offizier wird in ähnlichen Fällen, auch nach langer Friedenszeit, verstehen, auf seine persönliche Verantwortung hin zu handeln und mit seiner Person für seine Handlungsweise einzutreten, der Parole folgend: Eher zu viel thun, als zu wenig!

Am ersten Tage ist in dem Verhalten der rechten Flügelabtheilung nichts Besonderes zu bemerken. Am zweiten Tage erscheint das Zurücklassen des Hauptmanns von Wnlknitz mit zwei Zügen Infanterie an dem Uebergang bei Lindenborg bemerkenswerth, welches weiter unten besprochen werden soll.

Die Veränderung der Marschrichtung am zweiten hatte offenbar den Zweck, den Feind über die Bewegung und den Verbleib der Streifpartei irre zu führen; sie ist ganz im Geist des kleinen Krieges und auf das Element der Verschlagenheit gegründet. Dasselbe ist zu sagen über den Wechsel der Kantonnirung am späten Abend des 2. Juli.

Das Buch von Waldersee über den dänischen Krieg rechnet es dem Major von Krug hoch an, dass er trotz der Meldung vom Zurückgehen der mittleren Abtheilung den Entschluss gefasst habe, weiter vorzustossen.

Ich kann darin etwas Ausserordentliches in der That nicht finden. Es ist zwar richtig, dass die linke Flanke der Abtheilung Krug nunmehr in der Luft schwebte, wie der weitere Verlauf der Dinge bewies, indess wird die Deckung der Flanken durch so weit von einander entfernte kleine Abtheilungen niemals vollständig erreicht, und ein Zurückweichen der einen Abtheilung ohne Gefecht durfte doch nimmermehr das der anderen sofort im Gefolge haben. Major von Krug handelte daher nur so, wie er handeln musste, als er den weiteren Vorstoss beschloss.

Die Zurücksendung des grössten Theils der Wagen der Streifpartei mit dem Gepäck der Mannschaft nach Lindenborg erhöhte die Beweglichkeit derselben, denn so gute Dienste die Wagen im Felde leisten können, so ist es klar, dass sie die Kolonne verlängern, und dass sie im Gefechtsfalle der Deckung bedürfen.

Das kleine Gefecht bei Lundby selbst hat einen gewissermaassen europäischen Ruf erlangt und mit Recht. Als interessantes taktisches Ereigniss ist es mehrfach betrachtet worden. Ich will es zuvörderst in seiner Bedeutung für den kleinen Krieg und für den Aufklärungsdienst besprechen. Gerade nach den grossen Erfahrungen unserer Kavallerie im österreichischen und französischen Kriege und den hiernach gebildeten Grundsätzen wird ein Rückblick und ein Vergleich um so nutzbringender sein.

Wir sehen die Streifpartei von Krug am 3. Juli Morgens, kurz ehe die Spitze der Husaren auf den Feind bei Sönder-Tranders stösst, in 3 Staffeln auf einer Strasse auseinandergezogen, und zwar mit circa $3/4$ bis 1 Meile Abstand. — Die Beurtheilung eines solchen Verhaltens ist eine der schwierigsten Aufgaben für die Kritik. Nach der einfachen Theorie von dem Zusammenhalt der Kräfte kann man eine solche Auseinanderziehung gewiss nicht billigen. Die Theorie zieht aber mit Recht nur die Verhältnisse des grossen Krieges in Betracht. Bedingen aber dieselben schon, je nach der Gestaltung der Dinge, zahlreiche Abweichungen im konkreten Falle von den sonst als Grundlehren des Krieges betrachteten Sätzen, wie viel mehr die des kleinen Krieges, in dem alle die Verhältnisse, die man sonst als die Basis der Operationen betrachtet, viel unsicherer werden; in denen ferner der Zweck der Kriegshandlung in vielen Fällen ein ganz anderer, als im grossen Kriege ist, denn in diesem ist schliesslich mittelbar oder unmittelbar die Vernichtung des Gegners das Ziel, welches im kleinen Kriege gewöhnlich die Ausnahme bildet. Wenn man also sagen kann: im kleinen Kriege bin ich gewöhnlich weit entfernt von meiner Basis, d. h. hier den Truppenkorps, die mich entsendet haben; ich muss daher darnach streben, mir den Rücken zu decken und bin genöthigt, an den oder jenen Punkten Abtheilungen zurück zu lassen, die mich aufnehmen, mir einen Ausweg offen halten — so kann man dem entgegenhalten, dass eine Schwächung der einmal aufgebotenen Kraft auch in vielen Unternehmungen des kleinen Krieges zum Nachtheil gereichen kann; dass ferner diese Entsendungen an gewissen Punkten, falls sie lange an denselben stehen bleiben, der Gefahr der Ueberwältigung und der Gefangenschaft ebenfalls ausgesetzt sind.

Man wird eine solche Entsendung daher nur auf kurze Zeit machen können und um so mehr, als die Beweglichkeit ein Element des kleinen Krieges ist.

Dem aber steht wieder gegenüber, dass man im kleinen Kriege, im Gegensatz zum grossen, mit einer schwächeren Abtheilung manchmal mehr zu erreichen hoffen darf, als mit einer starken, insofern man die erstere verdeckt und unbemerkt an den Feind heranbringen und überraschend wirken lassen kann. Zweck der Unternehmung und Oertlichkeit dürften in erster Linie für das Verhalten entscheidend sein.

Man sieht, dass die Gründe für und wider sich sehr die Wage halten, und dass die Aufstellung von bestimmten Lehrsätzen das denkbar falscheste wäre.

Erwägt man in diesem Falle, dass die preussische Streifpartei die Lille-Vild-Mose und die See zur Rechten hatte, ein Ausweichen nach Osten also äusserst gefährlich war, dass auch ein nothwendig werdender Rückzug nach Westen, einmal vom

Feinde gedrängt, seine grossen Schwierigkeiten hatte, so kann man einer Besetzung der Brücke bei Lindenborg nur zustimmen. Jedoch glaube ich, dass dieselbe im Verhältniss zu der ganzen Streifpartei zu stark bemessen war, und dass ein Zug Infanterie, praktisch postirt und aufgestellt, genügen musste, die Brücke gegen kleinere feindliche Abtheilungen vor Wegnahme oder Zerstörung zu schützen.

Noch viel zweifelhafter kann der Theorie die Berechtigung der Maassregel, den Hauptmann von Schlutterbach mit $3^1/_2$ Zug Infanterie bei Lundby zurückzulassen, erscheinen, — und doch, wie glänzend war dieselbe durch den Erfolg gerechtfertigt!

Fand Major von Krug bei Sönder-Tranders in der That einen stärkeren Feind, so konnte er vielleicht nicht durchdringen und wurde abgewiesen. — Er hatte aber bei seinem Vorgehen als Ziel nur die Rekognoszirung in's Auge gefasst. Diese konnte auch mit schwachen Kräften ausgeführt werden. Hätte er ein weiteres Vorgehen, einen Angriff auf Aalborg selbst, geplant, so wäre es unbedingt erforderlich gewesen, die noch verfügbare Infanterie insgesammt mit vorzuführen.

Ein weiterer und sehr in's Gewicht fallender Grund für die Zurücklassung des Hauptmanns von Schlutterbach ist die erhaltene Meldung vom Stande der Dinge bei der mittleren Abtheilung. Die Ereignisse bewiesen, dass die beobachtete Vorsicht, sich in dieser Richtung zu decken, sehr wohl begründet war, und dass gerade der Rückzug der mittleren Streifpartei den Angriff auf das Detachement Schlutterbach herbeiführte.

Auch die Entsendung zahlreicher Husaren-Patrouillen in der Richtung auf die grosse Strasse hätte die Abtheilung Krug in dem hügeligen Gelände nicht vollständig geschützt, es war vielmehr eine stärkere Deckung und Sicherung nothwendig.

Ich vermag daher nur in dem Zurücklassen des Hauptmanns von Schlutterbach mit seiner Abtheilung als Rückendeckung für die vorgehende Kavallerie, ganz abgesehen vom Erfolge, eine richtige Maassregel zu erkennen.

Das Gefecht bei Sönder-Tranders zeigt uns zuvörderst, wie ungemein nützlich vorgehender Kavallerie Infanterie auf Wagen sein kann.

Unsere jetzige Ausbildung im Gefecht zu Fuss ermöglicht der Reiterei zwar den Angriff auf kleinere Infanterieabtheilungen auch im schwierigen Gelände, doch bringt das Ab- und Aufsitzen häufig Verzögerungen hervor, welche einer vollständigen, schnellen Ausnutzung der Lage oft hinderlich sind.

Wenn bei Lundby nur eine Kavallerie-Abtheilung gestanden hätte, so wäre es dem Feinde wahrscheinlich gelungen, sich des Punktes zu bemächtigen. — Die nach Sönder-Tranders vorgegangene Eskadron würde dann genöthigt gewesen sein, auf Umwegen die Strasse Aalborg-Hobro zu erreichen, um dort zu versuchen, sich den Rückweg nach der Avantgarde zu öffnen. Diese Gefechte beweisen also schlagend, die Wichtigkeit von Infanterie-Soutiens für vorgehende Kavallerie im Allgemeinen, ganz besonders aber in schwierigem Gelände, wie das bei dieser Gelegenheit in Frage stehende war. Einzelne haben nach 1870 beim Aufklärungsdienst der Reiterei von der Zutheilung von Infanterie gar nichts wissen wollen, indem sie sich auf das Gefecht zu Fuss und den verbesserten Karabiner berufen. Andere erkennen an, dass Infanterie häufig sehr nützlich ist, verwerfen aber die permanente Zutheilung von Bataillonen an die Kavalleriedivisionen. Sie meinen, dieselben würden die Bewegungen der Kavallerie hemmen. Kavallerie wird aber gerade mit grösserem Vertrauen vorgehen können, wenn sie weiss, dass in ihrem Rücken wichtige Punkte von einer Infanterie-Abtheilung besetzt sind. Es ist im Uebrigen nicht davon die Rede, dass diese mit dem Gros einer Kavallerie-Division stets in engem Anschluss bleiben müsste und mit ihr stets Schritt zu halten brauchte.

Es werden jedenfalls vor Allem die Terrainverhältnisse, die Art und Weise der Kriegführung des Feindes darüber zu entscheiden haben, wie die Zusammensetzung der Abtheilungen stattfinden muss, nicht ein einseitig durchgeführtes Prinzip.

Das Gefecht eröffnete den Reigen unserer Erfolge in der Feuertaktik des Zündnadelgewehrs, d. h. in der Abgabe eines wohlgerichteten disziplinirten Feuers auf kurze Entfernung. Die österreichische Stosstaktik erlitt hier schon eine erste entscheidende Niederlage; die Dänen hatten dieselbe den Oesterreichern, welche ihnen bei Oeversee gegenübergestanden hatten, abgelernt.

Zum Glück für uns bemerkten die Oesterreicher diese Niederlage ihrer Taktik damals nicht.

Dagegen war es kein geringerer, als Feldmarschall Moltke, welcher über dies Gefecht und die aus demselben abzuleitenden Lehren für die Feuerwirkung und die Anwendung des Feuers im Militär-Wochenblatt von 1865 einen Aufsatz schrieb. Das Gefecht ist bis jetzt unübertroffen in seiner Feuerwirkung und in dem Procentsatz der Patronenzahl zu dem Verlust des Feindes geblieben, zum Mindesten ist kein anderes höheres Ergebniss festgestellt. 750 Schuss, 101 Mann todt und verwundet. Auch von dem Unterschied in den Verlusten ist dasselbe zu sagen. Die einfache grosse taktische Lehre dieses Gefechts ist noch nicht veraltet.

Die hier hauptsächlich fechtende preussische Kompagnie war eine der im Schiessen und in der Feuerdisziplin best ausgebildetsten des 50. Regiments, ein Zeichen, dass die gute Friedensausbildung in bedenklichen Lagen Früchte trägt. Die Lage war in der That bedenklich, der Ruhe und Entschlossenheit des Führers, der hier die richtige Taktik im Augenblick fand, muss man Anerkennung zollen. Gute taktische Ausbildung durch die sofortige zweckentsprechende Benutzung des Terrains, Feuerdisziplin, zeigten sich gleichmässig. Die Frontausdehnung der fechtenden Abtheilung war keinesweges zu gross, fast genau reglementarisch.

Nach Antritt des Rückmarsches nach Lindenborg wäre es angemessen gewesen, eine Offizier-Patrouille zur Beobachtung dem Feinde nachzusenden, und wäre 1870 zweifellos so gehandelt worden.

Was die Dänen anbelangt, so bestand der bei weitem grösste Theil der bei Lundby auftretenden Abtheilung aus Infanterie. Dies war um so begründeter, als die Ueberfahrt der Kavallerie über den Fyord mit Schwierigkeiten verbunden war und an eine längere Behauptung des Landes südlich desselben keineswegs gedacht wurde.

Die für den Handstreich bestimmte Stärke scheint man genügend gehalten zu haben, um durch einen plötzlichen nächtlichen Angriff einen Erfolg zu erringen. Hätte man das Doppelte der Streitkräfte an diese Unternehmung gesetzt, so würden dieser fast vierfachen Ueberlegenheit gegenüber die Preussen bei Lundby in eine üble Lage gerathen sein.

Auffallend bleibt, dass der Oberst Beck über das Vorgehen der Kolonne Krug, wie es scheint, noch nicht unterrichtet war, als er von Aalborg abmarschirte. Die Meldungen der Landeseinwohner auf dieser Seite müssen daher nicht gut organisirt gewesen sein.

Die Hülfeleistung seitens der Einwohner durch Meldungen tritt erst wieder hervor in Ellitshoi. Hier wird Oberst Beck über die preussische rechte Kolonne genau orientirt und marschirt in Folge dessen auf Gunderup, von wo die Preussen, wie bekannt, bei Tagesanbruch abgerückt waren.

In der ganzen Führung der dänischen Kolonne spricht sich Energie und Entschlossenheit aus, aber auch die Unkenntniss der massgebenden taktischen Faktoren. Man wollte die Sache, wie dies auch im kleinen Kriege bei einem solchen Streich sonst ganz räthlich ist, schnell beenden, daher der Angriff ohne Zaudern.

Mit diesem geschah aber, Angesichts der wirklich obwaltenden taktischen Verhältnisse, den Preussen ein sehr grosser Gefallen. Sehr gefährlich wäre die Lage derselben geworden, wenn die Dänen durch Besetzung der südlich Lundby gelegenen Höhe einfach den Rückweg gesperrt und die Preussen zum Angriff oder zum Ausweichen gezwungen hätten.

Dies muss die absolute Kritik als das richtige Verhalten bezeichnen.

Das Gefecht bei Lundby stellt für den grossen wie kleinen Krieg den von Clausewitz so oft betonten, aber bei den Manövern so oft vergessenen Grundsatz vor Augen, dass eine Umgehung nichts ist, ohne die taktische Entscheidung.

Die Beunruhigung der Verbindungslinie der 11. Armee in den Departements der Meuse, Aube, Yonne, Haute Marne und Côte d'Or vom Herbst 1870 bis Ende Januar 1871, sowie die Wirksamkeit der Festung Langres.[*]

Die folgende Schilderung soll weniger die taktische Seite des kleinen Krieges behandeln, als dem Leser ein Bild liefern, in welcher Weise die Unternehmungen desselben gegen die Verbin-

---

[*] Diese Schilderung folgt der Darstellung des Generalstabswerkes, wie sie im Heft 19, in dem Abschnitt „Verhältnisse im Rücken des deutschen Heeres" a. a. O. gegeben ist.

dungen des Invasionsheeres 1870/71 thatsächlich in's Werk gesetzt wurden und ihn zu Betrachtungen anregen, wie solche am besten zu dirigiren seien, wobei wir uns auf das schon oben Gesagte beziehen, dass in der Thätigkeit gegen die Verbindungen ein Hauptmoment des kleinen Krieges in Gegenwart und Zukunft zu suchen sei.

Das im Rücken der deutschen Armeen liegende, bereits durchgezogene Gebiet, wie auch ein Theil desjenigen, in denen die grossen Armeen sich in Thätigkeit befanden, war bekanntlich 1870/71 in General-Gouvernements getheilt worden, denen die Verwaltung und Behauptung dieser Departements gegen kleinere feindliche Unternehmungen, Volksbewegungen, und die Sicherheit der Verbindungen der Feldarmee oblag, eine Einrichtung, welche in der oder jener Form bei einer vorschreitenden Invasion immer in's Leben gerufen werden muss.

Zu diesem Zweck waren den General-Gouvernements von Lothringen, Elsass und Rheims Besatzungstruppen (Landwehren) zugetheilt.

Die deutschen Etappen-Inspectionen haben speciell den Zweck die Verbindungslinien, seien diese nun gewöhnliche Wege oder Eisenbahnen, herzustellen, den Dienst auf denselben zu überwachen, bezüglich ihn einzurichten und diese Linien möglichst zu decken. Zu diesem Behufe sind den Etappen-Inspectionen ebenfalls bestimmte Truppenabtheilungen unterstellt.

Dass, je nach der Kriegslage, zur Feldarmee gehörige Truppentheile in diesen Dienst eingreifen, und dass dies auch vielfach im französischen Kriege geschah, ist selbstverständlich.

Da die Etappen- und Besatzungstruppen sich in viele kleine Abtheilungen theilen müssen, um die Ettappenorte und Bahnhöfe zu besetzen, die Strassen und vor Allem die Eisenbahnen durch Streifparteien zu schützen, so ergiebt sich stets, falls der Feind nicht ganz die Hände in den Schooss legt, der kleine Krieg mit Nothwendigkeit, wie schon oben auseinandergesetzt.

In der Einrichtung der Etappenlinien in Feindesland werden stets 2 Zeitabschnitte ziemlich deutlich zu unterscheiden sein:

1. Derjenige, in welchem die Eisenbahnen hinter der vorrückenden Feldarmee noch nicht hergestellt sind;

2. derjenige, in welchem dieselben in Betrieb getreten sind.

Die Verbindungen gestatten zwar, sobald letzteres geschehen

ist, einen schnelleren Nachschub, aber sie sind dafür um so empfindlicher, zerbrechlicher geworden. Störungen fallen um so schwerer in's Gewicht, als man sich in Bezug auf Nachschub auf die Eisenbahnen verlassen, mit schnellerer Beförderung rechnen muss und darf.

Die Verbindungslinie*) der II. Armee, welche sich etwa um Mitte des November im Vormarsch gegen Orléans befand, lief zu dieser Zeit von Nancy auf verschiedenen Strassen bis in die Linie Troyes-Chatillon sur Seine. (Siehe Skizze IV.) Diese Orte, sowie auch Bar sur Seine, Chateau vilain, Chaumont en Bassigny, Bologne, St. Dizier, Colombey waren von Abtheilungen in der Stärke einiger Kompagnien bis zu einem Zuge und darunter besetzt. Der Eisenbahnbetrieb war noch nicht eröffnet. Diese Verbindungslinie durchschnitt einen Theil von Lothringen, das Departement der Haute Marne und der Aube. Die Etappenposten mussten bereit sein, je nach dem Vorrücken der Armee, weiter nach Westen geschoben zu werden.

Die Festung Langres wurde vom General von Kraatz mit einer starken Abtheilung von 6 Bataillonen, 2 Schwadronen und 2 Batterien des 10. Armeekorps beobachtet. Diese Festung hatte eine Besatzung von circa 12,000 Mann, darunter ein gutes Drittel Linientruppen (Marschregimenter).

Bei Dijon stand das 14. deutsche Armeekorps zu dieser Zeit ziemlich versammelt.

Garibaldi war Anfang November mit seinen Freikorps von Dôle nach Autun**) vorgerückt und hatte von hier aus Ricciotti Garibaldi mit der 4. Brigade, 660 Mann und einige Reiter, auf Montbard gesendet, um die feindlichen Truppen zu beunruhigen.

Am 17. November traf derselbe in Montbard ein. Chatillon war zu dieser Zeit durch 3 Kompagnien des Landwehr-Bataillons Unna und eine Reserve-Husaren-Schwadron besetzt. Den Befehl führte daselbst Oberst Lettgau.

---

*) Ich unterscheide zwischen „Verbindungslinie" und „Etappenlinie". Unter ersterer verstehe ich die der betreffenden Armee für ihren Nachschub und Rücktransport angewiesenen, sämmtlichen Strassen und Bahnen, unter letzterer eine dieser Strassen und Bahnen.
**) Diese Orte sind auf der Skizze nicht mehr enthalten. Dôle liegt etwa 3 Meilen südöstlich Dijon, Autun etwa 6 Meilen südwestlich Dijon.

Ricciotti Garibaldi beschloss, einen Handstreich gegen Chatillon zu führen.

Am 18. rückte er, unbemerkt von der Abtheilung Lettgau, nach Coulmiers le Sec vor, von wo er am Morgen abmarschirte und am 19. früh in 2 Kolonnen von zusammen nur 400 Mann gegen Chatillon vorbrach.

Er traf weder auf Feldwachen noch Patrouillen. Diese, nur bei Nacht vor dem Orte ausgesetzt gewesenen Abtheilungen, waren soeben in ihre Quartiere eingerückt. Nur eine Kantonnementswache stand am Eingange des Ortes. Auf das Feuer derselben allarmirten sich die Landwehr-Kompagnien, doch hatten sich die Garibaldiner schon zu sehr in den Strassen ausgebreitet und zu viele Wehrleute in ihren Quartieren überrascht, um nicht das Uebergewicht zu erlangen. Zwar wurde die Mairie und Präfectur von den Preussen behauptet, schliesslich aber der am linken Seineufer gelegene Stadttheil geräumt, da der befehligende Offizier die Nachricht erhielt, dass die Abtheilung auch im Rücken bedroht sei, was jedoch auf einem Irrthum beruhte.

Der Gegner, welcher unseren Truppen einen Verlust von 8 Offizieren 186 Mann (von einer Stärke von pr. pr. 500 Mann) beigebracht hatte, ging noch am 19. November auf Coulmiers le Sec und am nächsten Tage nach Montbard zurück.

An demselben Tage räumte aber auch Oberst Lettgau den Ort und marschirte nach Château-vilain zurück, da ihm Nachrichten über eine Wiederholung des Angriffs mit stärkeren Kräften zugekommen waren.

Erst am 21. November ging die Abtheilung Lettgau, als der General von Kraatz mit seinen Truppen die dortige Gegend auf seinem Marsch zur II. Armee passirte, wieder nach Chatillon vor.

Was die taktische Seite des Ueberfalls anbelangt, so kann eine einigermassen weitreichende Aufklärung Seitens der Kavallerie nicht betrieben worden sein. Eine zu grosse Sicherheit muss obgewaltet haben. Der Anmarsch Ricciotti Garibaldi's wurde mit grosser Heimlichkeit und Schnelligkeit in's Werk gesetzt, auch scheinen ihm gute Spionennachrichten zugekommen zu sein.

Die Folgen dieses Ueberfalles, dem einige kleinere Unternehmen gegen die Etappenlinien folgten, waren nicht unbedeutende deutsche Truppenbewegungen, welche theils von der in Troyes stehenden Etappen-Inspection, theils von dem General-Gouverneur von Lothringen, theils endlich auch von dem 14. Korps, von Dijon aus, angeordnet wurden, um die Verbindungslinie der II. Armee vor dergleichen Störungen der Franctireurkorps und der von Langres aus vorgehenden Streifparteien zu sichern.

Die Franctireurs und sonstige Freischaaren rührten sich nach dem Gefecht bei Chatillon in dem waldigen Landstrich bei Troyes, bei Langres und in der Côte d'or von allen Seiten.

Mit dem weiteren Vorrücken der II. Armee in der Richtung auf Orléans aber rückte nunmehr die Etappen-Inspection ebenfalls weiter nach Westen und musste ihre Kräfte mehr ausdehnen. Sie musste daher von Seiten der Gouvernementstruppen und der Feldarmee Unterstützung erhalten.

Um diese Zeit, Ende November und Anfang Dezember, waren nun die Eisenbahnen möglichst hergestellt, und zwar lief die von der II. Armee benutzte Linie von Weissenburg über Vendenheim, Frouard, Blesme, Chaumont, später über Chatillon nach Troyes, von wo über Sens und Nemours die Verbindungslinie auf Landstrassen nach Pithiviers weiter führte.

Von Mitte Dezember ab war noch die Linie Chaumont-Nuits sur Armançon-Tonnerre in Angriff genommen worden.

Anfang Dezember war nun das 7. Armeekorps, welches beim Vorrücken der II. Armee bei Nuits zurückgeblieben war, auf Chaumont und Chatillon entsendet worden, theils um die Etappenlinien der II. Armee zu decken, theils um die Verbindung zwischen dieser Armee und dem bei Dijon stehenden 14. Armeekorps aufrecht zu halten.

Ehe jedoch diese Truppenbewegungen wirksam wurden, hatte der Kommandant der Festung Langres, General Arbellot, durch eigens zu diesem Zweck ausgesuchte Kompagnien die Etappenlinien mehrfach beunruhigen lassen, so durch einen Angriff auf Chateau vilain 8. und 9. Dezember, der aber von 2 Landwehr-Kompagnien (Unna) erfolgreich zurückgeschlagen wurde. Es gelang den Franzosen nicht, grössere Zerstörungen an der Eisenbahn auszuführen.

So lange nun das 7. preussische Korps in jenen Gegenden weilte und insbesondere die Deckung der Eisenbahnlinie Chaumont-Chatillon - Nuits sur Armançon-Tonnerre übernahm, verhielt sich der Feind ziemlich ruhig und wich überhaupt, von den Einwohnern möglichst unterrichtet, dem Zusammenstoss mit stärkeren Kräften überall aus.

Wir übergehen die auf den verschiedenen Punkten der langen Verbindungslinie vorfallenden mehrfachen kleineren Zusammenstösse zwischen den Franctireurbanden und den deutschen Truppen und bemerken nur, dass es den Franzosen nicht gelungen war, ernsthaftere und dauernde Störungen der deutschen Eisenbahnverbindungen herbeizuführen.

Anfang Januar veränderte sich nun die Lage in den hier in Rede stehenden Gegenden derart, dass die Truppen des 7. Armeekorps im Verein mit dem von Paris herangezogenen 2. südwärts marschirten, um der Armee Bourbakis entgegenzutreten.

Um die durch die weitere Verschiebung der Etappentruppen der II. Armee entstehenden Lücken in der Besetzung der Linien auszufüllen, wurden an die Etappen-Inspection 5 Landwehr-Bataillone der Etappen-Truppen der III. Armee zur Deckung der Eisenbahnlinien der II. abgegeben, aber auch diese waren nicht im Stande jeden Etappenort so stark zu besetzen, um allen Angriffen gewachsen zu sein. Auch das General-Gouvernement von Lothringen musste seine Truppen südwärts bis in die Côte d'or vorschieben, so dass die Eisenbahnstrecke Blesme-Chatillon durch $6^{1}/_{2}$ Bataillonen, 1 Schwadron und 1 Batterie gesichert war. Dagegen mussten die Etappenlinien von der Seine bis Montargis von den Etappentruppen der II. Armee bewacht werden.

Die Brigade Kettler des 2. Korps war zwar Anfang Januar zur Deckung der Eisenbahnlinie Chatillon-Nuits sur Armançon, sowie der rückwärtigen Verbindungen der Südarmee (2. und 7. Korps) zurückgelassen worden, indess musste diese Brigade sehr bald gegen die Armeeabtheilung Garibaldis, welche bei Dijon stand, verwendet werden, und man weiss in wie glänzender Weise sie durch kühne Angriffsstösse dem feindlichen General den Glauben beizubringen verstand, dass er ein ganzes Armeekorps sich gegenüber habe, um ihn hierdurch unthätig in Dijon zu fesseln.

Die Brigade vermochte während dieser Zeit nur 2 Kompagnien in Montbard zurückzulassen. Die deutschen Eisenbahnen waren inzwischen am 13. Januar durch die Fertigstellung der Linie Nuits sur Armançon-Sens-Montereau-Juvisi (bei Paris) abermals verlängert worden.

Die französische Kriegsverwaltung wirkte wiederholt auf Störung dieser Linie bei ihren Truppenbefehlshabern hin.

Die im Nièvre-Departement stehende Truppenabtheilung des Generals de Pointe de Gévigny war, als das 7. deutsche Armeekorps von Auxerre nach Südosten abgezogen war, sogleich in die dortige Gegend vorgerückt, und stand somit den deutschen Verbindungslinien ziemlich nahe. Am 25. Januar gingen auf Befehl des genannten Generals mehrere Streifparteien gegen die Linie Buffon-Nuits-Tonnerre-Sens vor.

Zwei Unternehmungen richteten sich gleichzeitig gegen Brienon und La Roche. Im ersteren Orte wurde die Bahnhofwache überfallen und gefangen genommen, die Brücke über den Armançon sowie der Telegraph wurden zerstört. Die im Orte selbst stehende Landwehr-Kompagnie wies dagegen die Angriffe des Feindes ab.

In La Roche wurde durch ein Mobilgarde-Bataillon die Wache von 1 Offizier 30 Mann gleichfalls überwältigt und nach hartnäckiger Gegenwehr gefangen. Die Brücke über die Yonne wurde zerstört. Dagegen scheiterten die an demselben Tage gegen Joigny und gegen Buffon geführten Handstreiche.

Die gegen erstgenannten Ort vorgeschickte Abtheilung stiess auf eine Landwehr-Kompagnie und 12 Husaren, welche behufs einer Rekognoscirung vorgesendet waren, und trat in Folge dieser Begegnung den Rückzug an.

Der Streich gegen Buffon gelang soweit, dass die an der dortigen Armançon-Brücke stehende preussische Wache von 32 Mann in der Nacht vom 25. zum 26. Januar zwar vertrieben, die Zerstörung derselben jedoch nicht ausgeführt wurde, da die von Montbard gerade eintreffenden Kompagnien 21. Regiments den Feind wieder zurückwarfen.

Am 3. Februar jedoch gelang die Sprengung der Brücke bei Buffon dennoch einer Garibaldi'schen Streifpartei, nachdem die Wache von Buffon nach Montbard herangezogen worden war. (Aus welchen Ursachen dies letztere geschehen war, habe ich nicht feststellen können.)

Diese Unternehmungen trafen die richtige Stelle und führten Störungen in den Eisenbahnverbindungen der II. Armee herbei, welche erst nach längerer Zeit wieder beseitigt werden konnten, während dessen die Transporte der II. die für die III. Armee nach Lagny bestimmte Linie zu benutzen gezwungen waren.

Die sofortige Entsendung einer Brigade des 6. Armeekorps von der Belagerungsarmee von Paris aus nach jenen Gegenden wurde angeordnet. Bald darauf trat jedoch der Waffenstillstand ein.

Einen noch übleren Einfluss aber hatte ein gegen den allen Verbindungen gemeinschaftlichen Theil der Eisenbahnlinien geführtes Unternehmen, nämlich die Ueberrumpelung der Besatzung des Bahnhofes bei Fontenoy sur Moselle und die Sprengung der dortigen Brücke durch eine aus der Richtung von Lamarche vorgedrungene Freischaar. 22. Januar.

In Folge dieses Handstreiches mussten alle Züge der II. und III. Armee über Metz und Reims auf Epernay geführt werden.

Der Schaden war vollständig erst am 4. Februar gut gemacht.

Ueberfall bei Prauthoi.*) 28. Januar 1881.

Als nach den ruhmreichen Angriffsstössen der Brigade Kettler auf Dijon dieselbe in der Gegend von Marsannay Garibaldi gegenüber stehen blieb, rührte sich wieder stark die Besatzung von Langres.

Nachdem am 23. die von Prauthoi nach Chatillon laufende Relaislinie mehrfach durch Streifparteien beunruhigt und der Posten in Prauthoi aufgehoben worden war, entsendete General von Kettler 3 Kompagnien Infanterie vom 2. Bataillon 61. Regiments nebst einigen Dragonern unter Hauptmann Kriess nach letzterem Ort, da das Gerücht einer ernsten Bedrohung der Brigade im Rücken durch die Besatzung von Langres sich verbreitet hatte.

Am 28. Morgens 6¼ Uhr nun wurde diese Abtheilung in Prauthoi, als sie sich eben anschickte, den Ort zu verlassen, um nach Thil-Châtel zu marschiren und sich daher in der Dorfstrasse sammelte, heftig angegriffen.

---

*) Nach den Berichten von Augenzeugen.

Eine feindliche Kolonne hatte die vor dem Südausgang stehende Vorpostenlinie durchstossen, sich des Südausganges bemächtigt, die dort stehende Wache zurückgeworfen und bestrich die Dorfstrasse mit ihrem Feuer, indem sich die französischen Tirailleurs hinter der dort aufgefahrenen Bagage des Bataillons und in den nächsten Häusern festsetzten. Die preussischen Kompagnien gingen ihnen sofort entgegen und warfen die vordersten französischen Abtheilungen mit dem Bajonnett zurück. Rechts und links der Dorfstrasse entsendete Züge, welche sich durch Gärten und Hausmauern durcharbeiteten, nöthigten den Gegner weiter zurückzuweichen. Als jedoch frische Kolonnen dem Südausgange sich näherten, eine andere starke französische Abtheilung nördlich des Dorfes erschien, und die von dem Hauptmann Kriess während des Gefechts über Saquenay nach Thil-Chatel bezeichnete Rückzugslinie bedrohte, liess der preussische Führer das Gefecht abbrechen und zog seine Truppen, ostwärts ausbiegend, in einem heftigen Kreuzfeuer der beiden französischen Abtheilungen zurück, ein Rückzug, der in voller Ordnung ausgeführt wurde. Doch mussten die grossen Bagagewagen des Bataillons im Stich gelassen werden.

Die Preussen hatten einen Verlust von 6 Offizieren, 108 Mann. —

Der Angriff war durch Truppen der Garnison von Langres, 80. Marschregiment, Mobilgarden und Franctireurs geführt worden, welche in 2 Kolonnen getheilt, durch einen nächtlichen Umgehungsmarsch vor Prauthoi anlangten, um die preussische Abtheilung von zwei Richtungen her anzugreifen und sie womöglich gegen Langres zu drängen.

Der Nachtmarsch hatte offenbar eine Verzögerung im Angriff, welcher eigentlich schon Morgens 3 Uhr stattfinden sollte, hervorgerufen, so dass eine Ueberraschung der Preussen in den Quartieren nicht stattfand.

Das Verhalten der am Südausgang des Dorfes erscheinenden französischen Kolonne war nicht derartig, um einen entscheidenden Erfolg zu erringen. Anstatt nach dem ersten abgegebenen Feuer sich mit dem Bajonnett auf die in der Dorfstrasse stehenden Preussen zu stürzen, warfen sich die Mannschaften hinter die Bagage und in die nächsten Häuser und liessen sich auf ein

Feuergefecht ein, durch welches Verfahren die Preussen Zeit gewannen, ihnen entgegenzutreten und sich zu entwickeln, was sie mit grosser Entschlossenheit, Ruhe und Ordnung thaten. Mit mangelhaft ausgebildeten und disziplinirten Truppen, wie die französischen es damals meist waren, in solchem Falle energisch und zweckentsprechend zu handeln, wird stets, selbst bei einsichtiger und entschlossener Führung, seine grossen Schwierigkeiten haben.

Der Ueberfall zeigt, in welcher Gefahr sich kleine Abtheilungen in der Wirkungssphäre grosser Festungen, deren Besatzung nicht unthätig ist, befinden und dass die schärfsten Vorsichtsmaassregeln in solchem Falle geboten sind.

Wenn wir nun den zum Zweck der Beunruhigung und der Zerstörung der Etappenlinien der II. Armee, bezüglich deren Vertheidigung in jenen Gegenden geführten kleinen Krieg, von dem wir einige der hervortretendsten Ereignisse berührt haben, überblicken, so sehen wir, dass die deutsche Heeresleitung gezwungen war, eine nicht unbeträchtliche Truppenmasse zur Deckung der Etappenlinien zu verwenden.

Die Besatzungs- und Etappentruppen erreichten im Herbst 1870 in dem gesammten besetzten Gebiet die Stärke von 60 Bataillonen, 13 Eskadrons, $7\frac{1}{2}$ Batterien, also an Infanterie über 2 Armeekorps.[*]

Hierbei ist, wie schon oben bemerkt, zu berücksichtigen, dass sowohl auf den nordöstlichen als auf den südöstlichen und südlichen Kriegsschauplätzen sehr häufig die Deckungstruppen durch Feldtruppen verstärkt, ja sogar den ersten ihre Aufgabe durch die in der allgemeinen Kriegslage begründete Aufstellung ganzer Korps, wie z. B. die des 7. bei Chatillon sur Seine und Umgegend, erleichtert wurde.

Halten wir uns nur an die Besatzungs- und Etappentruppen, so ist zwar die oben angegebene Stärke an und für sich sehr beträchtlich, jedoch soll damit nicht gesagt sein, dass sie es in Betracht der zu deckenden Linien und Landstrecken, von dem Ognon bis zum Canal la Manche, gewesen sei. Im Gegentheil muss man anerkennen, dass die Deutschen mit verhältnissmässig geringen

[*] Nach dem Generalstabswerk Theil II, Heft 19, Seite 1342.

Kräften ihre Aufgabe bis zum Eintritt des Waffenstillstandes durchführten.

Niemand wird aber leugnen können, dass sie dies mit noch geringeren Mitteln erreicht haben würden, wenn gar kein kleiner Krieg, welchen man in unseren Berichten meist mit dem etwas wegwerfend klingenden Ausdruck „Franctireurwesen" bezeichnet, geführt worden wäre. Der hieraus folgende Schluss, dass bei noch grösserer Ausbreitung des kleinen Krieges eine viel bedeutendere Truppenzahl Seitens der Deutschen hätte aufgeboten werden müssen, hat ebenfalls seine volle Richtigkeit.

Die Unhaltbarkeit der von uns im Abschnitt III. charakterisirten, abweichenden Anschauungen tritt zusammen mit der Wichtigkeit des kleinen Krieges auf's Neue hervor.

Die Verhinderung der Einrichtung der Etappenlinien, insbesondere der Wiederherstellung der Eisenbahnen, und wenn diese gelungen, ihrer Zerstörung, im Rücken der vorgehenden Armee, ist in der jetzigen Kriegführung eine sehr wichtige Sache, und jede einsichtige Heeresleitung wird sie nicht hintenansetzen.

Aus dem gegenseitigen Bestreben des Zerstörens und Deckens der Linien ergiebt sich selbstverständlich der kleine Krieg.

Die Deckungstruppen sind in kleineren Abtheilungen auf den Linien vertheilt. Die Angreifer müssen meist ebenfalls in solchen, mit möglichster Heimlichkeit und Verborgenheit, vorrücken, um rechtzeitige Verstärkungen der bedrohten Punkte unmöglich zu machen.

Diese ganze Aufgabe des kleinen Krieges für den in der strategischen Vertheidigung befindlichen Theil sehen wir von den Franzosen im Ganzen und Grossen mangelhaft erfasst.

Wenn es auch wahr ist, dass dem Führer von Streifparteien Spielraum für eine durchaus selbstständige Handlungsweise zu lassen ist, so muss diese wiederum durch die Angabe von allgemeinen Leitungsbefehlen (Direktiven) eine gewisse Richtung erhalten, aus welcher sich das Wirken der einzelnen Streifkorps nach einem gemeinsamen Ziel ergeben muss.

Einer kraftvollen, einsichtigen Heeresleitung wird auch dies gelingen.

Die damalige französische Heeresleitung war nun zwar thätig und energisch, aber militärisch unerfahren und von den ungeheuren Aufgaben der Organisation der Armeen, sowie mit den Entwürfen für die Führung des grossen Krieges derart in Anspruch genommen, dass sie selbstverständlich keine Zeit gewann, eine sofortige Einwirkung auf den kleinen Krieg im Rücken der deutschen Armeen auszuüben.

Wo nun dieser Einfluss fehlt, müssen die Führer der in der Nähe der Verbindungen des Invasionsheeres stehenden Heeresabtheilungen nach eigenem Ermessen handeln.

Sie müssen ihre Unterführer mit Anweisungen versehen, über die durch den kleinen Krieg zu lösenden Aufgaben und in welcher Weise derselbe ungefähr zu führen ist.

Der kleine Krieg gegen die Verbindungen der II. Armee und auch der Heeresabtheilung von Werder konnte von drei Brennpunkten aus genährt werden. Diese waren:

Besançon, die Armeeabtheilung Garibaldis, die Festung Langres, und, wenn man will, kann man noch die in der Gegend von Nevers stehenden französischen Truppen, unter General de Pointe de Gévygny, dazu nehmen.

Von der Thätigkeit von Besançon hat man nie etwas gehört.

Garibaldi liess einige kleine Unternehmungen — worunter die oben angeführte — ausführen, verhielt sich sonst mit seinen Freischaaren, sowohl im grossen wie im kleinen Kriege, merkwürdig unthätig. Der General de Pointe de Gévygny handelte nach dem Abrücken des 7. Korps aus der Gegend von Chatillon sur Seine nach Süden zweckentsprechend, indem er sofort an die deutschen Verbindungen herandrängte. Die gegen die Linie Montbard-Sens in's Werk gesetzten Unternehmungen waren von ihm gut geplant und geführt, mögen sie nun erst auf das Drängen des Abgesandten Gambettas, de Freycinet, zur Ausführung gekommen sein, oder nicht.

Der Kommandant der Festung Langres hatte im Allgemeinen seine Aufgabe richtig begriffen, doch will uns die Thätigkeit einer Besatzung von 10 –12,000 Mann doch noch nicht erheblich genug erscheinen.

Der kleine Krieg hätte jedenfalls eine weitere Ausdehnung und erhöhten Aufschwung genommen, wenn die für ihn verwendeten Truppen von anderer Beschaffenheit gewesen wären. Freischaaren, wie die Garibaldiner, zum grossen Theil aus Fremden bestehehend, die von einem Theil der französischen Bevölkerung,

besonders von der unter dem Einfluss der Geistlichkeit stehenden,
wie der leibhaftige Teufel gehasst wurden, eben zu den Waffen
gerufene Mobilgarden von zweifelhafter Marschfähigkeit, Franctireurs, die aus den verschiedensten Elementen bestanden, denen
Patriotismus und guter Wille zwar nicht fehlten, die aber
der Ausdauer und der Fähigkeit, Beschwerden zu ertragen, ent-
behrten — alle diese Elemente, von neu ernannten, zum Theil
fremden und auf einander eifersüchtigen Generalen befehligt, und
durch keine straffe Disziplin zusammengehalten — das waren
nicht die Kräfte, um einen unaufhörlichen kleinen Krieg gegen die
deutschen Verbindungen zu führen, wie er hätte geführt werden
sollen. Die Unterstützung der Einwohner war zwar nicht gleich
Null, aber sie nährte sich nicht mit der Kraft, welche in solchen
Fällen nöthig ist. Die Exekutionen und Strafen der Deutschen
verfehlten ihre Einwirkung grösstentheils nicht. Der kleine Krieg
bedarf eben eines Kernes guter, abgehärteter Truppen, die unter
einigen besonders ausgesuchten Führern stehend, zu den gefähr-
lichsten Unternehmungen verwendet werden, durch ihre Unermüd-
lichkeit das Beispiel geben und den weniger geschulten Truppen,
oder der bewaffneten Bevölkerung als Anhalt dienen.

Denn dass man nicht daran denken kann, die für die grossen
Entscheidungen bestimmten Feldarmeen durch Entsendung einer
grösseren Anzahl von tüchtigen Truppen für den kleinen Krieg
erheblich zu schwächen, haben wir schon oben dargelegt.

Trotz aller seiner Mängel erreichte der von den Franzosen
gegen die deutschen Verbindungen geführte kleine Krieg Ende
Januar in diesen Landestheilen manche Erfolge. Die Unternehmungen des Generals de Pointe de Gévigny und die gegen
Fontenoy sur Moselle verursachten beträchtlichen Schaden. Sie
trafen die richtigen Punkte, und dies ist auch hier von ungeheurer
Wichtigkeit. Ein einfaches Aufreissen oder Sprengen der Schienen
im freien Felde ist leicht wieder gut gemacht, wird aber ein
Tunnel oder eine Brücke gründlich gesprengt oder zerstört, so
gewinnt die Sache ein anderes Gesicht.

Wenn es also auf allgemeine Leitungsbefehle in dem kleinen
Kriege gegen die Verbindungen ankommt, so bedarf es andererseits für die Ausführung der einzelnen Unternehmungen der plan-
vollen Ueberlegung und der richtigen und bestimmten Auswahl

der Objekte. Auch das gleichzeitige Auftreten verschiedener Streifkorps, wie es sich in den Unternehmungen der Franzosen vom 22. Januar in der That äusserte, ist oft angezeigt. Bedrohungen eines Punktes zum Schein, und um die feindlichen Deckungen auf diesen zu ziehen, sind hier wie im grossen Kriege nothwendig. Fortgesetzte Allarmirungen können die Wachsamkeit der Deckungstruppen einschläfern, um sie später desto überraschender anzufallen.

Bei diesem Kriege gegen die Verbindungen tritt wieder hervor, dass die Kavallerie allein nicht für alle Aufgaben des kleinen Krieges ausreichend ist. Gegen diejenigen Punkte, welche als besonders wichtig, stärkere Besatzungen Seitens der Deckungstruppen erhalten haben, wird man Infanterie verwenden müssen, um den Erfolg des Streiches sicherer zu machen. Zahlreiche kleine Parteien der Kavallerie müssen dagegen versuchen, die Eisenbahn und die Drähte an den verschiedensten Punkten zu erreichen und zu zerstören.

Was die Deckungsstellungen anbelangt, so kann man als zweckmässig nur eine starke Besetzung der wichtigen Punkte empfehlen. Die Zersplitterung in sehr viele kleine Postirungen längs der Bahn, zu welcher man sich, in dem Triebe zu decken, immer wieder versucht fühlt, ist zu vermeiden. Dieselben würden von schwachen feindlichen Parteien in jedem Moment aufgehoben werden, und man würde, neben der Zerstörung der Bahn, noch vielfachen unnützen Verlust erleiden. Dagegen erscheint — abgesehen von der Besetzung der wichtigen Punkte — die Aufstellung stärkerer Abtheilungen in der Entfernung von $^3/_4$—1 Meile von der Bahnlinie, welche stark längs derselben patrouilliren lassen, und ihren Aufenthaltsort immer in einigen Tagen ändern, geeigneter für den wirksamen Schutz.

Kleinere Streifparteien werden es nicht stets wagen, zwischen ihnen durch zu gehen, aus Besorgniss, dass ihnen der Rückzug verlegt werden möchte.

Haben diese Abtheilungen Kavallerie, bezüglich für die schnelle Beförderung der Infanterie kleine Wagenparks bei sich, so dürfte Alles geschehen sein, was man in dieser Hinsicht für die Deckung der Bahnen bereit stellen kann.

Das Angriffs- und Bewegungselement darf auch hier durchaus

nicht fehlen, und gerade in einzelnen kühnen Vorstössen wird eine grössere Bürgschaft für die Deckung liegen, als in einem blossen Abwarten der Unternehmungen des Feindes. Zu diesem Behufe müssen diese längs der Bahnlinie streifenden Abtheilungen auf die Meldungen oder sonstigen Nachrichten von der Annäherung oder der Versammlung feindlicher Kräfte gegen diese vorgehen und sie durch scharfen Anfall womöglich sprengen, oder wenigstens zurücktreiben. Auch die festehenden Deckungsabtheilungen wichtiger Punkte, von welchen wir oben sprachen, werden oft gut thun, kleine Vorstösse zu unternehmen. Sehr häufig wird der Feind sich durch dieselben einschüchtern lassen und von einem Vorgehen ablassen.

Die oben erwähnte, von den Franzosen aus ähnlichen Ursachen aufgegebene Unternehmung gegen Ioigny, 25. Januar, ist ein Beispiel hierfür.

Sehr zu erwägen dürfte es sein, ob man nicht gepanzerte Patrouillen-Waggons, speziell zu diesem Zweck erbaut und im Frieden schon vorräthig gehalten, besetzt mit Infanterie und Eisenbahn-Mannschaften, die Bahnen auf und ablaufen liesse, um nicht nur stete Untersuchungen derselben, sondern auch die sofortige Vereitelung kleiner feindlicher Unternehmungen durch die Wagenbesatzung herbeizuführen. —

Was haben nun aber, hören wir fragen, im französischen Kriege die Nadelstiche des kleinen Krieges genützt? Wurde deshalb die Entscheidung eine andere? Fiel Paris deshalb später? Wurde die Bourbaki'sche Armee nicht ebenso gut über die Grenze gedrängt, Chanzy nicht bei Lemans geschlagen?

Unsere Antwort hierauf haben wir schon im Kapitel III. ertheilt. Sicherlich schmettert der Keulenschlag des Siegers im grossen Kriege Alles zu Boden, — wenn aber die Wage schwankt, wenn Pausen in der grossen Kriegshandlung eintreten, dann können der kleine Krieg und sein Erfolg ein bedeutendes Gewicht in die Schale werfen.

Nehmen wir an, dass der Krieg noch drei Wochen länger gedauert hätte, so wären die Ende Januar gelungenen Sprengungen auf den deutschen Eisenbahnlinien recht unangenehm fühlbar geworden.

Wäre aber bei richtigem Verständniss und Leitung des kleinen Krieges nicht eine grössere Anzahl solcher Unternehmungen früher in's Werk zu setzen gewesen?

Hiermit schliessen wir die Reihe unserer Beispiele, die wir absichtlich nur der neuesten Kriegsgeschichte entnahmen, ab und wenden uns der letzten Aufgabe, der Betrachtung über die Art und Weise der Ausbildung für den kleinen Krieg zu.

VII.

Ausbildung für den kleinen Krieg.

Ist es nun nöthig und nützlich, Truppe und Führer für den kleinen Krieg schon im Frieden vorzubereiten? Und wenn dies der Fall — ist es möglich? Kann man diesen Verhältnissen bei unseren Uebungen überhaupt Ausdruck verleihen? — Betrachten wir zuvörderst die Ausbildung des Soldaten und der Truppe.

Der Unterschied zwischen leichten und schweren Truppen ist nahezu verschwunden; in der Infanterie könnte man allenfalls die Jäger noch als eine besonders leichte Truppe festhalten; in der Kavallerie basirt der Unterschied ebenfalls weniger auf der Dienstinstruktion, als auf dem Gewicht von Mann und Pferd, und bis jetzt bei den preussischen Kürassieren noch auf der Bewaffnung.

Jedenfalls muss der Mann der Linien-Infanterie wie der Jäger, der Reiter der leichten und der schweren Kavallerie sowohl für die grosse Kriegshandlung als auch für den kleinen Krieg derart ausgebildet sein, dass sie für beide verwendbar sind.

Das Wenige, was ich noch zu sagen habe, soll nichts Neues bringen, keine neueren Rezepte für die Ausbildung vorschlagen, sondern nur auf einzelne Punkte aufmerksam machen, deren Beachtung in den Gewohnheiten des Friedens — und mit denen müssen wir anfangen jetzt wieder zu rechnen — leicht aus den Augen verloren wird.

Die Ausbildung für den kleinen Krieg besteht nun für den gemeinen Mann in nichts Anderem als einer sorgfältigen Schulung für das Einzelngefecht, im Sicherheits- und Aufklärungsdienst aller Art, in der möglichsten Erweckung seiner Einsicht und in der Stählung seiner Charaktereigenschaften.

Allenfalls kann man soweit gehen, den geweckteren Leuten, welche wohl meist als Patrouillen- und bei der Infanterie als Schützenführer ausgebildet werden, einen Begriff davon zu geben, dass der Sicherheitsdienst bei kleineren, weit entsendeten Abtheilungen sich häufig wesentlich anders gestalten wird, als bei dem grossen Haufen. —

Der Durchschnittsmensch will eine Bezeichnung haben, an die er sich hält. Es wird genügen, wenn man ihnen die Thätigkeit eines Streifkorps in kurzen Worten klar macht, und dass es hierbei, ähnlich wie bei dem Patrouillendienst, meist nicht auf Gefechte, sondern auf Schnelligkeit der Bewegung, Verschlagenheit und Heimlichkeit ankommt.

Aehnliches dürfte auch theoretisch für die Unteroffiziere genügen.

Wichtig erscheint noch insbesondere für die Aufgabe des kleinen Krieges die Gewöhnung der Truppe an Allarmirungen und an nächtliche Angriffe. Beide sind im Ganzen und Grossen seit einiger Zeit bei den Truppen etwas in Verruf gerathen, aber sehr mit Unrecht. Die ersteren wohl deshalb, weil mit denselben häufig ein gewisser Humbug getrieben wurde, der sie als unnütze Spielerei erscheinen liess. Und doch ist es so ungemein wichtig, den jungen Soldaten daran zu gewöhnen, dass die Töne des Generalmarsches ihn wie ein Blitz auf den Sammelplatz führen müssen, dass er in der Nacht sich eben so schnell finden lerne wie am Tage, und dass die Truppe mit derselben Ordnung und Disziplin bei solchen Gelegenheiten unter das Gewehr trete wie Mittags beim Appell in der Kaserne der Garnison. Früher verging kein Manöver ohne eine solche nächtliche Uebung, welches gerade den jungen Offizieren und Soldaten ein kleines Bild der Friction im Kriege zu liefern vermag. Wir waren früher über die Gestalt der Geschossgarben weniger unterrichtet, aber unsere Uebungen nahmen mehr Rücksicht auf die unvorhergesehenen Vorfälle im Kriege, die oft so entscheidend auf den Zustand und die Gefechtsthätigkeit einer Truppe einwirken.

Der nächtliche Angriff hat Gegner und Vertheidiger. Sicher ist, dass er schwierig anzuwenden, dass er aber, richtig angeordnet, oft grosse und entscheidende Erfolge verspricht. Viele behaupten, er müsse im nächsten Kriege mehr ausgenutzt werden als früher, da die ungeheure Feuerwirkung dazu dränge, Nacht, Verborgenheit, Ueberraschung für den Angriff zu suchen. Mag dem nun so sein oder nicht, — der nächtliche Angriff wird für den kleinen Krieg seine ganz besondere Bedeutung stes behalten.

Das Element der Ueberraschung wird eben durch denselben am wirksamsten ausgenutzt. In jedem Falle erscheint es angemessen, die Truppe an denselben zu gewöhnen; sie zur strengsten Ordnung während eines Vorstosses in der Nacht anzuhalten.

Vor Allem aber muss auch für den untersten Führer die Belehrung mit einer solchen Uebung verknüpft sein, dass die Taktik in einem Nachtgefecht, insbesondere bei einem Vorstoss, eine andere ist, als am Tage, dass hier die zerstreute, dort die geschlossene Fechtart vorherrschen muss. Auf diese wenigen Momente beschränkt sich die Besondernheit in der Ausbildung des Mannes und der Truppe für den kleinen Krieg.

Weiter greifend und besser durchführbar erscheint aber die Ausbildung von Führern in dieser Richtung, und ich glaube aussprechen zu müssen, dass darin, besonders bei der Infanterie, zu wenig geschieht.

Die ganze Handhabung des Aufklärungsdienstes der deutschen Kavallerie bringt schon den jüngeren Offizier bei den Manövern sehr häufig in Lagen, welche denen des kleinen Krieges ähnlich sehen, und die Nothwendigkeit, verborgen zu bleiben, sich mit dem möglichst geringen Aufwand von Kräften zu decken und zu sichern, führen ihn ganz von selbst dazu, die natürlichsten und einfachsten Maassregeln zu ergreifen, sich von dem Schema zu emancipiren, wo es unnütz, ja gefährlich erscheint.

Dies ist weniger bei der Infanterie der Fall. — Wenn derselben aber auch der Sicherheitsdienst vor der Armee nur theilweise, der Aufklärungsdienst nur in beschränktem Maasse zufällt, so ist ihre Thätigkeit im kleinen Kriege, besonders in gebirgigem und waldigem Gelände, wie schon gezeigt, eine hervorragende. Ihre Führer müssen daher ebenfalls einen richtigen Begriff von der Lösung der ihnen möglicherweise zufallenden Aufgaben haben.

Das Wesen des kleinen Krieges erfassen, ist hierfür die erste Stufe.

Gleich vorne weg wollen wir aber bemerken, dass mehr als irgendwo anders hierbei die Individualität des Betreffenden hervortritt. Dem Mann von selbstständigem Denken und starker Willenskraft, derjenige dem ein gewisser Unternehmungsgeist, ja sogar Abenteurersucht inne wohnt, wird es am leichtesten werden, den richtigen Begriff von dem Wesen des kleinen Krieges zu gewinnen.

Ich will daher durchaus nicht behaupten, dass es möglich sei, jeden Offizier zu einem brauchbaren Führer für den kleinen Krieg bilden zu können.

Doch muss man dahin streben, den Begriff auch der Allgemeinheit, wenn auch nur in gewissem Grade, geläufig zu machen, denn man wird nicht immer Gelegenheit haben, sich die Führer besonders aussuchen zu können.

Wie überall ist das Studium eines guten Buches über den Stoff als Hülfsmittel niemals zu verwerfen, vor Allem aber ist das Studium von Beispielen nothwendig, denn — wie wir schon nachzuweisen versuchten, — ist für den kleinen Krieg die Aufstellung einer Theorie in noch viel geringerem Grade möglich, als für den grossen, womit ich nicht sagen will, dass nicht einzelne grosse Grundsätze hier wie dort Gültigkeit behalten.

Die Lösung von Aufgaben mit supponirten Truppen im Gelände dürfte das nächste Mittel sein. — Dieselben könnten in derselben Weise veranstaltet und geleitet werden, wie die sogenannten Kavallerie-Uebungsreisen; auch könnte man sie mit denselben verbinden.

Eine stete Uebung jedoch für den Offizier besteht in der Betrachtung des Geländes für militärische Zwecke bei jeder Gelegenheit. Vielleicht wäre es zu viel verlangt, dieses „bei jeder Gelegenheit" auch auf Vergnügungsreisen auszudehnen. Dies wird auch nur von Männern geschehen, deren Geist sich unablässig mit der Kunst beschäftigt und denen die Anwendung einer militärischen Idee auf das Gelände fast zur Gewohnheit geworden ist. Genügen wird es schon, wenn man die militärische Betrachtung des Geländes bei Ritten in der Umgegend der Garnison und bei den Märschen zum und vom Manöver in's Auge fasst.

Kleine Aufgaben hierbei und sofortige Einreichung der Lösung auf Meldekarten an Ort und Stelle sind ein gutes Mittel, um sich die schnelle Auffassung und Schätzung eines Terrainabschnittes anzueignen.

Die Stellung und Lösung solcher Aufgaben ist schon vielfach in der oder jener Form in der Armee eingeführt. Hierbei wird es nur häufig darin versehen, dass man von Offizieren, welche schon im praktischen Dienst sehr stark beschäftigt sind, zu viel verlangt, nämlich eine ganze Ausarbeitung; dass man noch immer oft pedantischer Weise hierin zu sehr an Formen klebt und oft die Arbeiten als die besten betrachtet, welche die schönsten Pläne und den grössten Umfang aufweisen, während es nur darauf ankommt, kurz die characteristischen Merkmale der Gegend und die für die Aufgabe in Betracht kommenden Oertlichkeiten, ihrer militärischen Beschaffenheit nach, hervorzuheben, vor Allem aber, und das wird in der Truppe selten beachtet, auf die grösste Pünktlichkeit und Schnelligkeit bei Bearbeitung der Aufgabe zu halten.

Auch würde man, glaube ich, gut thun, die Lösung solcher Aufgaben ein wenig mehr en famille zu behandeln, d. h. sie nicht zu officiell zu machen und sie vor ein zu hohes Tribunal zu ziehen.

Es giebt manche Persönlichkeiten, in denen die peinliche Beachtung von Formen, sowie auch eine gewisse Scheu vor einer hohen Kontrolle geradezu die Gedanken und die klare Ausdrucksweise tödtet.

Die schnelle Beurtheilung eines Terrainabschnitts in Bezug auf seinen taktischen Werth, die Aussichten des Angriffs und der Vertheidigung u. s. w. sind natürlich für den kleinen Krieg von eben so hohem Werth wie für den grossen. Ich möchte aber diese Fähigkeit noch unterscheiden von der Eigenschaft sich schnell zu orientiren und eine Terrainstrecke dem Gedächtniss einzuprägen.

In dieser letzteren Eigenschaft sagt man, stände der Gebildete dem gemeinen Manne, insbesondere den Landleuten, Jägern, Holzschlägern — diese andererseits wieder den Söhnen naturwüchsiger Völkerschaften — oft nach. Jedenfalls ist soviel als sicher anzunehmen, dass wissenschaftliche Beschäftigung, insoweit sie sich nicht speciell auf diese Gegenstände richtet, den Orientirungssinn an und für sich abschwächt, weil sie den Geist lebhaft an Dinge fesselt, die ausserhalb der gewöhnlichen Sphäre und der äusserlichen Erscheinungen des Lebens liegen.

Der natürliche Orientirungssinn und die Einprägung von Terraingestaltungen beruhen auf dem Bedürfniss sich schnell zurecht zufinden, auf der Gewohnheit des Berufs, wodurch das Gedächtniss sich von selbst schärft. Die Uebung des letzteren, sowie die Aufmerksamkeit auf alle die Merkmale der Gegend, welche zur Orientirung beitragen, vermögen die aus dem Bedürfniss entspringende Lebensgewohnheit wenigstens theilweise zu ersetzen.

Den Orientirungssinn und das Gedächtniss für das Gelände zu schärfen, muss deshalb als zweites Erforderniss für den Offizier betrachtet werden, den sein Ehrgeiz nach einer Thätigkeit im kleinen Kriege hindrängt.

Der gewandte Gebrauch der Karten muss als Voraussetzung zu alle dem gelten, doch brauche ich nicht zu entwickeln, dass die im Kriege geführten Karten oft nicht für die Anordnungen in der grossen Kriegshandlung genügen, wie viel weniger und wie selten kann das für eine Unternehmung des kleinen Krieges der Fall sein. —

Ein weiteres Mittel ist die Lösung von Aufgaben mit Truppen aus dem Gebiete des kleinen Krieges.

Ich komme hierbei zuerst auf den Nutzen der Lösung solcher Aufgaben überhaupt und zwar sowohl für Offiziere als Unteroffiziere zu sprechen.

Man hat auch diesen jüngster Zeit bestreiten wollen. Man hat sie beschränkt. In vielen Regimentern sind die für die Unteroffiziere seit lange abgeschafft.

Als Grund hat man angeführt, dergleichen Gefechte kämen zu selten vor. Diese Uebungen gestalteten sich in der Regel unnatürlich; sie gäben ein falsches Bild vom Kriege; sie belehrten nicht.

Wenn auch alles dies wahr wäre, so fiele dies zuvörderst der Aufgabestellung und Leitung der Uebung zur Last. Eine solche gut in's Werk zu setzen, ist allerdings nicht leicht. Ich möchte fast behaupten, dass die Aufgabestellung, je kleiner die Verhältnisse sind, desto schwieriger wird.

Die Mängel jener Uebungen aber zugegeben — möchte ich dennoch fragen, wo und wie man den wahren Werth eines jungen Offiziers, oder eines Unteroffiziers in taktischer Beziehung besser erkennen kann, als bei Lösung einer solchen Aufgabe? Die Denk- und Entschlusskraft wird gleichmässig angeregt: die Eigenschaften, welche ein General, ein Feldherr, braucht, werden in ihren Keimen erkannt und entwickelt. Auf diesen Standpunkt muss man sich stellen, wenn man den Nutzen dieser Aufgaben würdigen will.

Stets nur an die Ausbildung der Mannschaften denken, ist nicht genügend. Die Ausbildung der Führer steht im Allgemeinen höher. Wie oft sind ganz junge unausgebildete Armeen vortrefflich in's Feuer gegangen unter guten Offizieren und Unteroffizieren, so z. B. Napoleons neue Armee von 1813 unter den aus der Spanischen Armee herangezogenen Unterführern.

Nun können freilich diese Aufgaben Gift werden, falls sie auf falscher Grundlage beruhen, und das ist leider häufig der Fall.

Ein Hauptfehler ist oft eben darin zu suchen, dass sie sich an die Verhältnisse des grossen Krieges in ungeschicker Weise anlehnen.

Wer hätte nicht schon die hochkomischen und der Natur des Krieges oft in's Gesicht schlagenden Aufgaben von dem gegen Posen, oder irgend eine andere grosse Festung heranrückenden Nordkorps gelesen, gegen welches der Gouverneur der Festung direct den Sergeanten Drigalla mit 16 Mann absendet, „um zu erkunden u. s. w.". Mag das Beispiel für die Gegenwart ein wenig drastisch gewählt sein — Aehnliches ereignet sich noch täglich; und deshalb ist eine sorgfältige Kontrolle und Besprechung der Aufgaben viel wichtiger als eine doppelte und dreifache Kritik der Lösung.

Soll ein junger Offizier nur zeigen, dass er von den Grundsätzen der Taktik auf der Kriegsschule etwas profitirt hat, so mag man ihm das Aussetzen einer Feldwache mit markirten oder supponirten Anlehnungen, eine einfache Patrouille, oder die Einrichtung einer kleinen Vertheidigungsstellung als Aufgabe stellen. Zeigt jedoch ein Offizier sich hierin genügend unterrichtet, so wird man seine Fähigkeiten am besten prüfen und entwickeln können, indem man die Aufgaben in das eigentliche Gebiet des kleinen Krieges verlegt. Ueberhaupt erscheint es wichtig, dass in der Aufgabestellung nicht ein wirres Durcheinander, sondern stets eine Beachtung der Individualität des Offiziers und ein Inbetrachtziehen der von ihm bereits früher gelösten Aufgaben stattfindet.

Nun ist allerdings nicht zu leugnen, dass die Stellung solcher Aufgaben aus dem eigentlichen Gebiete des kleinen Krieges um die Garnison herum ihre Schwierigkeiten hat. Die Bekanntschaft mit dem Gelände, die Nähe der grossen Stadt, bezüglich der Wirkungssphäre einer Festung tragen zusammen dazu bei, die Aufgabestellung schwerer und die Lösung weniger belehrend zu machen.

Indess sind das Verhältnisse, die sich nicht vermeiden lassen; man muss also mit ihnen rechnen. Bei einiger Sorgfalt kann man auch hier Situationen herbeiführen, die der Natur solcher Aufgaben entsprechen. Sie können z. B. bei Festungen aus dem Cernirungskriege entnommen werden, oder man macht Voraussetzungen wie die in Bezug auf Langres oder erörterte Lage.

Viele der vor Paris und Metz stattgefundenen Unternehmungen, die sich in den Pausen zwischen den grossen Kriegshandlungen abspielten, sind auch Akte des kleinen Krieges. Prinz Friedrich Carl befahl ausdrücklich vor Metz, die Ueberlegenheit unserer Truppen im Schiessen und Felddienst durch Unternehmungen des kleinen Krieges auszunutzen.

Besser noch ist die Annahme eines Partisan-Krieges, einer aufständischen Bewegung, einer schwachen Besetzung einer Provinz u. dergl. m., um Situationen des kleinen Krieges mit einiger Wahrscheinlichkeit herbeizuführen.

Die kleinen einzelnen Garnisonen, deren grosse sonstige Nachtheile hier nicht erörtert werden sollen, können hin und wieder sehr gut zu Darstellungen einzelner Streiche des kleinen Krieges benutzt werden. Eine zu weite Ausdehnung von dergleichen Manövern verbietet sich allerdings bei den heutigen gewaltigen Anforderungen auf allen Gebieten des Dienstes, indessen können Garnisonen wie z. B. die folgenden des 5. Armeekorps: Samter, Posen, Schrimm; Ostrowo, Krotoschin; Freystadt, Benthen, Glogau; Lissa, Bojanowo, Fraustadt u. a. m. sehr leicht dergleichen Unternehmungen gegen einander ausführen. Freilich muss eine angemessene Supposition und Aufgabestellung und die vorherige Erklärung des Kriegszustandes der Sache zu Grunde liegen.

Wenn man freilich mit einem Bataillon, eines Tages mit der Eisenbahn ankommend, die Nachbargarnison überfällt, so ist dies die Ausnutzung eines Friedensverhältnisses, welche zu Spielereien führt.

Unter Friedrich II. mussten bekanntlich, besonders in den Kavallerie-Garnisonen, mindestens mehrere Monate im Jahre hindurch, Feldwachen stehen, um die Offiziere und Mannschaften an die für den Felddienst nöthige Aufmerksamkeit und an die Handhabung des Dienstes zu gewöhnen, und wenn dies bei jetzigen Dienstverhältnissen übertrieben und ganz unausführbar erscheint, so könnten solche Anordnungen immer auf einige Tage gegen heimlich angeordnete Unternehmungen der benachbarten Garnisonen getroffen werden. — So etwas unterbricht wohlthuend die Einförmigkeit der kleinen Garnison, flösst dem geringsten Mann Interesse und Liebe zur Sache ein, die bei dem Detaildrill der Exercierplätze so oft verloren zu gehen droht, genug, belebt den militärischen Geist.

Ein weiteres Moment, Aufgaben in unbekanntem Gelände zu stellen, bieten die Märsche vom und zum Manöver dar, wie wir dies schon bei Gelegenheit der Lösung theoretischer Aufgaben erwähnt haben, und wie dies auch schon bei den Truppentheilen mancher Armeekorps vielfach geschehen ist.

Zu verkennen ist nicht, dass manche Akte des kleinen Krieges sich im Frieden auch nicht annähernd darstellen lassen.

Wodurch und wann gelingen z. B. Ueberfälle?

Bei einer Armee, welche gewohnt ist den Sicherheitsdienst gehörig zu pflegen, nur dann, wenn die Truppe durch scheinbare oder wirkliche Unthätigkeit des Feindes, oder durch Unterschätzung desselben sicher geworden ist, oder wenn einzelne Truppentheile wegen grosser Erschöpfung, strenger Kälte oder sehr langer Dauer des Feldzuges genöthigt sind, sich unter Dach und Fach zu legen und sich in durchschnittenem oder bedecktem Gelände nicht ausreichend gegen einen plötzlichen Angriff schützen können; endlich wenn die Zeit bei etwa schon eingetretener Dunkelheit zu einer gründlichen Sicherung gemangelt hat.

Einen komischen Eindruck würde es machen, wenn man bei einer soeben ausgeruckten Truppe die Annahme grosser Erschöpfung u. s. w. machen wollte. Indess kommt es ja nur darauf an, den

Unterführern Sinn und Begriff einer solchen Uebung klar zu machen, ihnen vor Augen zu stellen, dass eine vereinzelte Truppe im kleinen Kriege sich oft in einer ganz anderen Lage als inmitten der grossen Kriegshandlung befindet, dass sie demnach anderen Gefahren ausgesetzt ist, und dass ihr Sicherheitsdienst anderer Natur sein muss als in grossen Verhältnissen.

Hierzu wird eine einfache Annahme wie etwa folgende genügen: Besondere Verhältnisse zwingen heute die beiden Kompagnien Infanterie-Regiments No. 1, im Quartier in N. zu bleiben. Feindliche Truppen haben sich gestern bei M. und K. gezeigt. Der Führer der beiden Kompagnien hat sich zu sichern.

Etwas ungemein Verwirrendes ist es, wenn bei Stellung der Aufgaben sowohl, als auch bei Beurtheilung der Lösung die Verhältnisse des kleinen Krieges und der grösseren Kriegshandlung nicht auseinander gehalten werden.

Hieraus ergiebt sich manchmal ein ganz unbegründeter Tadel, wie wir dies in Nachfolgendem näher auseinandersetzen wollen.

Das Bild des grossen Krieges hat uns die Behauptung von dem steten Vorwiegen der grösseren Verbände sehr geläufig gemacht. Manche sind so weit gegangen, die Gefechtsübungen einzelner Bataillone und Kompagnien mit einer gewissen Verachtung zu behandeln, weil sie im Kriege so selten vorkommen; deshalb sei stets die grosse Aktion in Betracht zu ziehen. Es ist dies aber nur eine neue Einseitigkeit, und wir haben durch unsere Beispiele soeben gezeigt, dass solche Gefechte sehr wohl vorkommen, und könnten eine ganze Anzahl aus dem grossen französischen Kriege dazu anführen.

Die Truppe muss also verstehen, sowohl im grösseren Rahmen als vereinzelt zu fechten.

Nun ist es zwar richtig, dass dem grossen wie kleinen Kriege, dem grossen und kleinen Gefecht mancherlei Grundsätze gemeinsam sind, aber niemals muss man vergessen, dass die meisten Unternehmungen des kleinen Krieges sich auf Faktoren gründen, welche in der grossen Kriegshandlung zu den Ausnahmen gehören.

So ist die Erhaltung der Verbindungen der Truppe im grossen Kriege die Regel, im kleinen ist fast das Gegentheil der Fall. Heimlichkeit, Verborgensein können dort nicht dieselbe Rolle spielen wie hier — Ueberraschungen taktischer Natur sind im grossen

Kriege selten, im kleinen beruht auf ihnen zumeist der Erfolg eines Gefechts.

Beschäftigen wir uns speciell mit der Frontausdehnung. Ein gewiss richtiger Satz ist: dieselbe für das Gefecht nicht zu gross anzunehmen.

Im kleinen Kriege ist jedoch die eigentliche Umgehung ein sehr gewichtiger Faktor. Die kleinen Abtheilungen sind viel eher im Stande als grössere Korps, eine solche unbemerkt auszuführen. Die Theilung der Kräfte hat daher im kleinen Kriege eine Bedeutung, die unter Umständen dem Grundsatz von dem Zusammenhalt derselben fast gleichstehen kann.

Setzen wir den Fall eines geplanten Ueberfalles auf ein Dorf. Das Terrain begünstigt die Entsendung einer Abtheilung, um das Dorf von Westen anzugreifen und der Besatzung den Rückzug abzuschneiden, während der andere Theil des Streifkorps von Südosten anmarschirt.

Es würde hier das denkbar falscheste sein, den Angreifer im Moment des Angriffes wegen zu grosser Ausdehnung seiner Gefechtslinie zu tadeln.

Und doch kommt Aehnliches so sehr häufig vor. Es ist dies eine Verwechselung der Grundsätze für die Kriegshandlung in grossen Verbänden und der Thätigkeit im kleinen Kriege.

Auch hierin giebt das Gefecht bei Lundby ein Beispiel. Die Abtheilung von Krug war weit in der Tiefe auseinandergezogen; aber was sich bei Lundby schlug, focht in fast reglementarischer Ausdehnung. Man ist also in solchem Falle nur berechtigt, zu verlangen, dass die in das Gefecht eintretende Abtheilung in sich zusammenhält, und dabei ist eine Zersplitterung ebenso zu rügen wie in der grossen Kriegshandlung.

Betreffen diese meine Bemerkungen mehr die Kritik und die Aufgabenstellung, so wende ich mich nunmehr der Lösung zu.

Zuerst die Sicherheitsmaassregeln. Die Aufgabe ist gestellt. Sie ist absichtlich, oder nicht aus dem kleinen Kriege entnommen. Der Offizier ist mit seiner Abtheilung von 50 bis 60 Mann zu irgend einer Thätigkeit in eine isolirte Lage versetzt. Die Umstände gebieten ein Abwarten, ein Zusammenhalten der geringen Streitkraft, ein Beobachten des Feindes.

Was sieht man häufig? Der ganze Apparat des Vorposten-

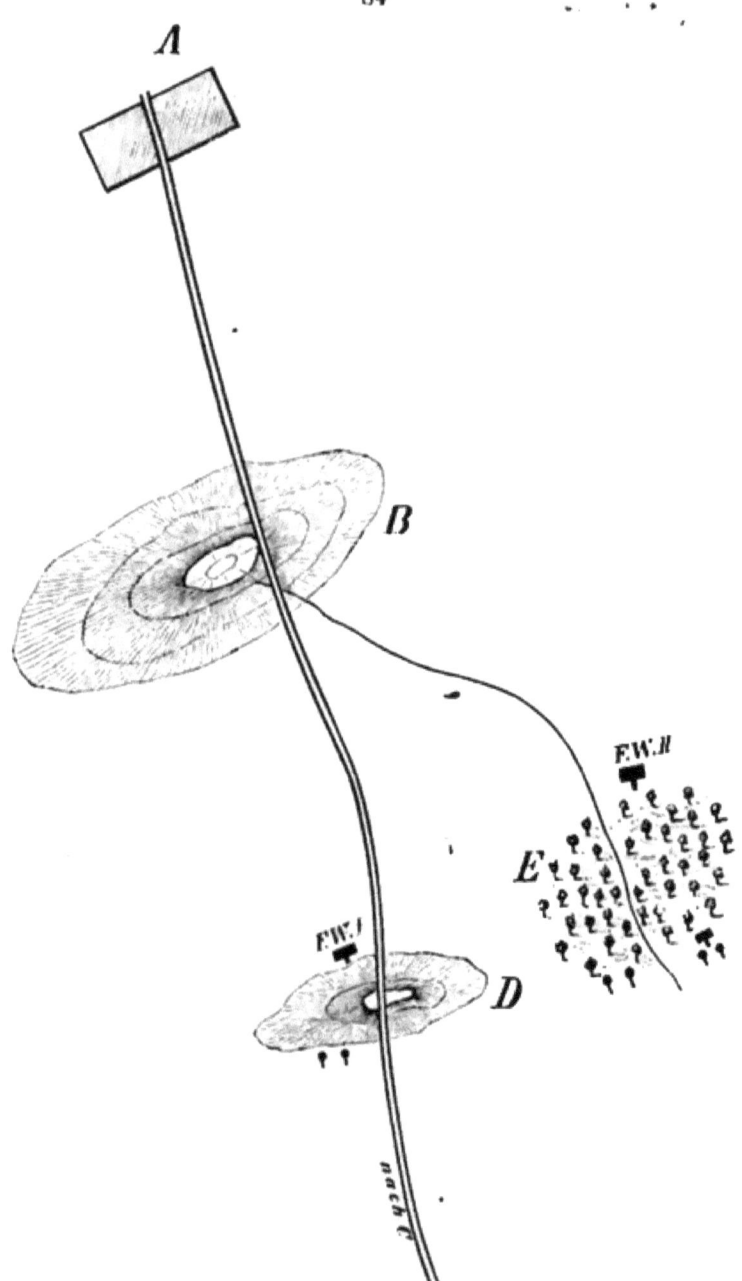

Unrichtige Aufstellung einer Postirung.

schemas entfaltet sich. Von den 60 Mann wird eine Feldwache ausgesendet mit nicht zu wenig Doppelposten oder Unteroffizierposten.

Der unvermeidliche Examinirtrupp darf nicht ausfallen, gleichgültig, ob er gänzlich überflüssig ist und dicht vor der Feldwache steht oder nicht. Wo möglich wird noch ein detachirter Unteroffizierposten zur Deckung der Flanke ausgesetzt; zahlreiche Patrouillen rennen sich selbst im Terrain um, und der Offizier hat seine Abtheilung ohne Grund auseinandergerissen und behält vielleicht noch ein sogenanntes Piket von 20 Mann in der Hand.

Es ist dies nicht übertrieben; ein Beispiel für viele.

Im Ort A ist am frühen Morgen ein Streifkorps eingetroffen. Die kleine Stadt C soll vom Feinde besetzt sein.

Zwischen A und Höhe B erstreckt sich ein vielfach zerklüftetes und bewaldetes Hügelland. Das Streifkorps schiebt 1 Offizier mit 60 Mann Infanterie bis auf die Höhe B an den Rand des Hügellandes vor, um etwaige Bewegungen des Feindes zu beobachten. Von dem Hügel B blickt man bis zu der 4000 Meter entfernten kleinen Stadt C in eine nur durch einige sanfte Terrainwellen unterbrochene Ebene, die man vollständig übersehen kann.

Was that der Führer der Abtheilung? Er schob eine Feldwache von 30 Mann (No. 1) an eine kleine Erhebung (D). Dieselbe stellte einen Doppelposten aus. Er schob ferner eine Feldwache (No. 2) an den Busch E mit zwei Doppelposten.

Die Examinirtrupps durften selbstverständlich nicht fehlen. Patrouillen wimmelten zwischen den Feldwachen und der Stadt vor.

Nachdem er dies gethan, stand er einsam mit dem Hornisten auf der Höhe B.

Ein solches Verfahren ist man wohl berechtigt, die Tödtung des gesunden Menschenverstandes durch das Schema zu nennen.

Wohl kann es vorkommen, dass einem sich an seiner Schulweisheit erfreuenden jüngeren Führer so etwas passirt. Schlimmer ist es, wenn es geduldet wird.

Hier wie in so vielen ähnlichen Fällen galt es nur, sich hinter dem Hügel B möglichst bequem auf den Bauch zu legen, zur Sicherung seiner Flanken eine Patrouille rechts, die andere links in dem Hügellande zu entsenden und einen einzigen Posten über die Höhe hinüber sehen zu lassen, jedoch nur dann, wenn der Offizier selbst nicht diese Rolle mit einem Krimmstecher übernahm.

Aber man will bei Lösung dieser Aufgaben so häufig etwas sehen — wie der Ausdruck lautet —, während die Lösung, zum Mindesten die Einleitung, häufig gerade darin bestehen würde, dass man eben nichts sähe; das will sagen, Heimlichkeit und Verborgenheit in den Vordergrund treten müssten.

Die Aufstellung einer kleinen Abtheilung, welche, weit vorgeschoben vor der eigentlichen Vorpostenstellung, den besonderen Auftrag hat, den Feind zu beobachten, ihn irre zu führen über die Lage, ihn frühzeitig zur Entwickelung zu zwingen, kann sowohl der Infanterie als der Kavallerie zufallen und ist als eine ganz in den kleinen Krieg schlagende Thätigkeit besonders zu klassifiziren. Wir möchten den Ausdruck „Postirung" zur Bezeichnung eines solchen Verhältnisses, das sich von einer regelmässigen Vorpostenstellung scharf unterscheidet, vorschlagen.

Aehnliches kann man häufig von dem taktischen Verfahren, dem Gefecht unserer Uebungen, sagen. Will man einen Akt des kleinen Krieges darstellen, so muss man es gestatten, dass hin und wieder aussergewöhnliche Mittel zur Anwendung kommen, die vielleicht ausserhalb der in einem offenen rangirten Gefecht angewendeten Taktik liegen.

Ist es z. B. einer Abtheilung wirklich gelungen, sich dem Gegner gedeckt und unbemerkt auf kürzere Entfernung zu nähern, und erfolgt der Anfall dann rasch und entschlossen, so rechne man doch auch bei einer Uebung ein wenig auf den Eindruck der Ueberraschung beim Angegriffenen, und entscheide danach.

Diese kleineren Uebungen können ungemein belebend auch auf den Geist der Mannschaft einwirken, und dass wir die Hebung des wahren soldatischen Geistes, welcher durch die jetzt unvermeidliche Anhäufung von technischen Kunstfertigkeiten und Dienstzweigen aller Art an und für sich nur leiden kann, mit allen

Kräften anstreben müssen, ist wohl Jedem klar, der nicht für die drohenden Zeichen der Zukunft ein ganz verschlossenes Auge hat.

Ein gutes Mittel, die Uebungen natürlicher zu gestalten, ist immer, den einen Theil stärker zu machen, oder ihn während der Uebung zu verstärken, nicht durch Entfaltung von Flaggen, sondern durch plötzlich auftretende, zur Verfügung des Leitenden zurückgehaltene Abtheilungen.

Ich möchte dies auch auf grössere Uebungen ausgedehnt wissen.

Wir beklagen uns so häufig über Unnatur des Angriffs, warum müssen denn fast regelmässig immer drei gegen drei Bataillone bei den Detachementsübungen fechten, warum nicht vier gegen zwei?

Die Einreichung von Berichten muss am anderen Morgen geschehen, nicht später. Der Bericht sollte nur von einer Bleistiftskizze begleitet sein. Will man sehen, ob der Offizier gut zeichnen kann, so möge man ihm noch eine besondere Zeichenaufgabe für den Winter stellen.

Dies wären die Mittel, die ich zu einer Vorbereitung der Kavallerie und Infanterie für den kleinen Krieg schon im Frieden, unbeschadet ihrer Ausbildung für die grosse Kriegshandlung, für möglich und durchführbar hielte. Von den die Ausbildung der Waffen betreffenden Einzelheiten, unter denen bei der Kavallerie gewiss ein kühnes und zuversichtliches, jedoch auf die Beherrschung und Schonung des Pferdes gegründetes Terrainreiten eine grosse Rolle spielt, zu sprechen, konnte nicht meine Aufgabe sein.

Fern sei es von mir, den kleinen Krieg in die erste Linie zu stellen.

Die Entscheidung bleibt gewiss der grossen Kriegshandlung, aber es giebt Zeitabschnitte im Kriege, in denen gerade diese feiert, weil sie feiern muss. -- Wenn ein Volk einen Kampf um sein Dasein führt, welcher der deutschen Nation, früher oder später -- wie dem Preussen Friedrichs des Grossen -- wohl kaum erspart bleiben wird, dann wird auch der kleine Krieg in der oder jener Form seine Stelle in der Kriegführung vollgültig einnehmen, er wird aber in jedem Feldzuge seine Rolle spielen müssen.

In jedem Fall soll man ihn und sein Wesen auch im Frieden nicht ganz aus den Augen verlieren. — Der Gedanke an ihn als das Kriegsmittel, durch welches der niedere Führer seine Charakter- und Verstandeseigenschaften am meisten zeigen kann, stärkt den kriegerischen und unternehmenden Geist der ganzen Truppe und durch die Wechselwirkung zwischen Heer und Volk auch den der Nation.

Berichtigungen und Druckfehler.

Seite 3, Absatz 3. Hier wird nur der Sinn, nicht der Wortlaut eines Satzes von Clausewitz gegeben.
„ 5, Zeile 7 von oben lies: „nun" statt „nur".
„ 24, „ 14 „ „ „ „Völkerrechtlehrers" statt „Staatsrechtlehrers".
„ 35, „ 3 „ „ „ „sind statt „ist".
„ 35, „ 17 von unten streiche „Schleswiger".
„ 35, „ 15 „ „ lies: „schleswiger" statt „Schleswiger".
„ 42, „ 13 von oben lies: „der" statt „den".
„ 48, „ 7 von unten streiche „über dasselbe".